苏州市工商档案管理中心 组织编写

苏州民族工商业百年名企系列丛书

何大明 著

百年

苏州大学出版社
Soochow University Press

图书在版编目(CIP)数据

百年雷允上 / 何大明著. —苏州：苏州大学出版社，2018.10（2019.1重印）
（苏州民族工商业百年名企系列丛书 / 卜鉴民主编）
ISBN 978-7-5672-2269-4

Ⅰ.①百… Ⅱ.①何… Ⅲ.①中成药－老字号－历史－苏州 Ⅳ.①K892.28

中国版本图书馆CIP数据核字(2018)第236575号

百年雷允上

何大明　著

责任编辑　王　亮

苏州大学出版社出版发行
（地址：苏州市十梓街1号　邮编：215006）
苏州工业园区美柯乐制版印务有限责任公司印装
（地址：苏州工业园区东兴路7-1　邮编：215021）

开本 700 mm×1 000 mm　1/16　印张 8.5　字数 153 千
2018 年 10 月第 1 版　2019 年 1 月第 2 次印刷
ISBN 978-7-5672-2269-4　定价：32.00 元

苏州大学版图书若有印装错误，本社负责调换
苏州大学出版社营销部　电话：0512-67481020
苏州大学出版社网址　http://www.sudapress.com

《苏州民族工商业百年名企系列丛书》编委会

主　　　任：钱　斌
副　主　任：沈慧瑛　卜鉴民　虞爱国
委　　　员：甘　戈　吴　芳　彭聚营　朱亚鹏
　　　　　　陈　鑫　王雯昕　许　瑶　张旭东
　　　　　　周玲凤　陈明怡　李艳兰　赵　颖
　　　　　　吴　飞　谢震香　董文弢　盛　明
　　　　　　栾清照　吴莺云　陈　灵　王　璐
主　　　编：卜鉴民
副　主　编：甘　戈　吴　芳
常务副主编：陈　鑫　赵　颖
编　　　辑：栾清照　杨韫　姜楠　苏锦

古城烟雨　百年风云

一座城，一百年，一代名企。

故事就此拉开序幕。

苏州，一座拥有2500多年悠久历史的古城。史学家顾颉刚在《苏州史志笔记》中说："苏州城之古为全国第一，尚是春秋物……"始于春秋，历经战国、秦汉……宋元明清，直至新中国，沧桑岁月给古城镌刻下一道道记忆的年轮。

苏州城是古老的，苏州城亦是坚忍不拔的。公元前514年吴王阖闾令伍子胥建阖闾大城，伍子胥率领人员，不辞辛劳，"相土尝水，象天法地"，终于使一座周围47里，有8座陆门、8座水门的姑苏大城屹立在了太湖之滨。经历了几千年风风雨雨的侵蚀，苏州古城的位置至今未变。与中国现存最早的城市平面图宋代《平江图》相对照，苏州古城的总体框架、骨干水系、路桥名胜基本一致，依旧保持着水陆并行、河街相邻的双棋盘格局，这在全世界都是极其罕见的。按照现在的标准，伍子胥就是一位伟大的城市规划设计师。吴地的百姓没有忘记这位功臣，千百年来，胥门、胥江、胥口总是与伍子胥的名字连在一起。每年的五月初五端午节，人们以吃粽子、划龙舟等方式纪念伟大的爱国主义诗人屈原，和屈原一同被吴地百姓纪念的还有伍子胥。

一百年，相对于一个城市来说，似乎太年轻了，尤其是历史如此悠久的古城苏州。一百年，对于一个企业而言，已经是一位白发苍苍的老者，长长的白胡子里满装着企业兴衰沉浮的故事。谁都想做百年企业，但是"创业容易守业难"，如何将苦心经营的企业很好地传承下去是摆在众多企业家面前的一道难题。阿里巴巴董事局主席马云在联想控股有限公司

"蓄势而发,砥砺前行"主题活动上说:"如果说把在西方做企业比作一百米的赛跑,那么在中国可能是一百米的障碍跑,甚至是一百米的跨栏。其实我们很不容易,一家企业能跑三十年,相当的了不起。"三十年已属不易,一百年何其难得。

钟灵毓秀的苏州孕育出了一个个优秀的民族企业:苏纶纺织厂、东吴丝织厂、振亚丝织厂、鸿生火柴厂、雷允上制药厂、嘉美克钮扣厂、民丰锅厂……它们撑起了苏州民族工商业的一片天,是苏州经济发展道路上一道道亮丽的风景。苏纶纺织厂滋养了几代苏州人,"三个苏州人里就有一个跟她有着渊源","天官牌"棉纱、"飞鹰牌"棉布誉满江南;东吴丝织厂生产的塔夫绸闻名世界,拥有"塔王"的称号,深受英国王室的钟爱;雷允上制药厂的六神丸家喻户晓、驰名中外……无论是棉纱、丝绸,还是火柴、铸锅,抑或是药品、钮扣,它们都与老百姓的生活息息相关,在人们的日常生活中扮演着不可或缺的角色。

人们感谢这些企业,她们令苏州的经济不断腾飞,令大家的生活更加滋润。然而旁人看到的大多是她们辉煌灿烂的模样,有谁真正知晓个中的滋味。没有哪个企业可以随随便便成功,成为百年老企绝非易事,当初筚路蓝缕、艰苦奋斗的故事几人能晓。经过历史的积淀、岁月的浮沉,这些百年老企也已经物是人非,除了个别企业坚强地生存着,很多也已随时间进入了历史的深处。作为苏州民族工商业奠基石的苏纶厂,其庞大的厂区如今已被打造成苏纶场民国风情街,成为南门商业圈的一部分,只有两座裕棠桥还能让上了点年纪的人惦记着曾经的苏纶厂。鸿生火柴厂红灰相间的小洋楼宛如一艘风雨归来的帆船,依然停泊在护城河边,只是已成为一家港式早茶店。还有多少老企业已难觅踪迹,历史不应该被遗忘,吴地企业辛勤耕耘的奋斗史更不应被遗忘,我们应该为之做点什么。

21世纪初苏州国有企业产权制度改革时,全国首家专门管理改制企业档案的事业单位苏州市工商档案管理中心应运而生,集中收集、保管和利用改制企业档案,使一大批珍贵的工商业档案得以保存,这其中就有很多百年老企的身影。而今恰逢一群熟悉百年老企,甚至是在百年老企生活、工作过几十年的老苏州,愿意用他们真诚的笔墨记录下过往的故事,展现百年老企跌宕起伏的行走足迹,这无疑是一件利泽千秋的好事。在此契机下,苏州市工商档案管理中心组织编写这套《苏州民族工商业百年名企系列丛书》,希望通过丛书留存一段历史,为后人留下一笔宝贵的精神财富。

烟雨中的古城美丽依旧,静静地倾听百年老企的风云故事。

目 录

卷首语　传承药香 …………………………… (1)

概述——源远流长国药业 …………………… (1)

第一章　传奇篇——百年老店创业史 ………… (7)

允上弃儒入杏林　雍正始创诵芬堂 …… (9)
秋涛立规订章程　事业有成起风波 …… (12)
庚申之变受重创　避难上海谋发展 …… (15)
千里跋涉寻人质　同治复兴西中市 …… (17)
赏罚分明严店规　光绪中兴起宏图 …… (19)
商标注册九芝图　民国鼎盛树丰碑 …… (21)
配药宣传吴文化　茱萸最早称吴萸 …… (25)
三落三起再奋进　军民一家鱼水情 …… (27)
晚年徜徉山水间　允上探梅留佳作 …… (29)

第二章　辉煌篇——百年老店创新史 ………… (33)

迎来新生再崛起　抗美援朝表真情 …… (35)
公私合营建药厂　扩大规模添设备 …… (37)
华丽转身大发展　药业公司成航母 …… (39)
医药一体国医馆　别具一格博物馆 …… (43)
连锁经营领风骚　八仙过海显神通 …… (49)
制作技艺成遗产　榜上有名传承人 …… (59)
雷氏后人立新功　代代相传美名扬 …… (64)
生产药品抗非典　不计得失受好评 …… (66)
不远千里来相会　家鳌欣然献资料 …… (68)

第三章 趣闻篇——百年老店故事多 (71)

前店后坊话药铺　坐堂问诊巧行医 (73)
争奇斗艳话药具　手工制作老古董 (76)
一年一度药王节　丰富多彩聚人气 (80)
奇人治学又治水　林公赠送戒烟方 (83)
乐善好施多义举　修桥办学献爱心 (84)
日商影射玩花样　商标侵权终失败 (87)
精心制作话名药　中药瑰宝不虚传 (89)
名流政要题词多　毁而复得原味现 (93)
名将结缘雷允上　总统病服六神丸 (96)
文物贩子施诡计　廉价骗得青花瓷 (99)

第四章 文物篇——百年老店存遗构 (101)

庙堂巷雷氏别墅　西式洋楼称经典 (103)
西中市雷氏药铺　古城寻宝结硕果 (105)
包衙前雷氏老宅　中西合璧形制奇 (107)
宗祠觉园古建多　遗构虽无仍留名 (111)

附录一 雷允上百年纪事（1734—2015年） (113)

附录二 苏州雷允上国药连锁总店有限公司门店一览表

(119)

主要参考资料 (121)

后 记 (122)

卷首语　传承药香

　　历史悠久的苏州,钟灵毓秀,人文荟萃,积淀了丰厚的历史文化遗产。提起文化遗产,人们往往津津乐道于巧夺天工的古典园林、独领风骚的丝绸文化、浓墨重彩的书法绘画、天籁之音的昆曲评弹、别具一格的香山帮建筑。其实,苏州的工商文化同样熠熠生辉。元代,意大利著名旅行家马可·波罗在游记中写道:"苏州是一座颇为名贵的大城,商业和手工业十分繁荣和兴盛。"明清以来,苏州更因为工商业经济的发达,成为"最是红尘中一二等富贵风流之地"。然而,传统的儒家思想历来"重义轻利"。因此,在"士农工商"四民中,工商只能排列在最后。人们青睐的,是擅长舞文弄墨的文人雅士,而能够创造社会财富的商贾和厂主,却是等而下之的"下流人"。

　　百年老店和百年老厂,是苏州工商企业的经典。它们和百年老校异曲同工,也是苏州历史文化的瑰宝。这些老厂老店,尽管有的现在已经不存,然而毋庸置疑,凭借曾经创造的辉煌成就,它们在历史舞台上举足轻重,仍然是构成苏州历史风貌的关键元素,是弘扬苏州传统工商文化的遗传基因,是解读苏州历史文化不可或缺的信息密码。雷允上(诵芬堂),更是苏州"老字号"企业的骄傲。

　　提起"雷允上"中药店,无论是老苏州人还是新苏州人,都是如"雷"贯耳。笔者是一位从小生活在苏州的土著,对以前一些反映生活习俗的顺口溜记忆犹新。比如,"吃茶三万昌,撒尿牛角浜"。其实,还有一句与前者押韵的顺口溜也同样经典:"配药雷允上,就勒(在)诵芬堂。"此外,对于小孩来说,还有一则津津乐道的趣味猜谜顺口溜:"猜猜看,红黄绿蓝,四种颜色四爿店。"黄,指的是"黄天源"。其他三爿店,要用苏州方言以谐音的方法来猜。红,指的是"朱鸿(红)兴";绿,指的是"陆(绿)稿荐";蓝,指的就是"雷(蓝)允上"。这四家百年老店至今仍存,都是赫赫有名的"中华老字号"。

　　在我国的中药行业中,雷允上是集名医、名药和名店于一体的药业泰斗。雷允上和宁远堂、沐泰山、童葆春,合称苏州四大中药名店。"北有同仁堂,南有雷允上",这两者是中华老字号国药店的双骄。2010年,中国邮政集团公司发行特种邮票《中医药堂》,一套四枚,分别为同仁堂、胡庆余堂、雷允上和陈李济四大名店。更令人引以为傲的是:雷允上自清代雍正十二年(1734年)创业,到现在的公元2017年,已有整整283年的传奇历史。如今,雷允上已经发展成为一家规模恢宏的药业集团公司,集车间生产、机构科研、门店销售于一体,旗下拥有五十余家连锁店。中医传统制剂方法(雷允上六神丸制作技艺),已被列入国家级非物质文化遗产名录。列入国家火炬计划项目的雷允上,荣获中国"中药企业传统品牌十强"称号。以"六神丸"领衔的多种著名药品,远销海外蜚声世界。

  2015年,中国中医科学院研究员屠呦呦,因为在"青蒿素"研究中的杰出贡献,荣获诺贝尔医学奖。从中草药青蒿中提取出的抗疟疾新药——青蒿素,已经挽救全球特别是发展中国家数百万人的生命。从这个意义上说,钩沉百年老店雷允上的历史,不但是为了传承苏州工商文化,也是为了弘扬祖国博大精深的中医中药文化,让中医中药更快更好地走向世界。苏州市档案局和苏州市工商档案管理中心精心策划"苏州民族工商业百年名企系列丛书",委托笔者为雷允上树碑立传,笔者欣然承诺。传承苏州民族工商文化遗产,传承雷允上药香,笔者责无旁贷。

何大明

概 述

——源远流长国药业

中药又称为"国药"。我国的中药和中药业，源远流长、闻名世界，是世界医药史上的一朵奇葩。中药是中医所用的药物（药材），以植物资源（草本、藤本、木本）为多，还有可观的动物和矿物资源。苏州地势低平，湖荡众多，丘陵逶迤，雨水充沛，日照充足，非常适宜各类药用植物的生长，以及药用动物的栖息。亚热带地区出产的药材，苏州基本上都有。《吴县志》中记载的各种药材就多达108种。其中，出产的大宗品种有桔梗、仙鹤草、益母草等十余种，著名的品种有灯芯草、乌梢蛇、蜡梅花、龙脑薄荷等20余种。灯芯草为全国独有，清代被列为"贡品"。蜡梅花和龙脑薄荷畅销东南亚各国。

历史悠久的苏州中药行业，由药材业、饮片药业两个自然行业发展而来。早在唐代，苏州已有31种药材被记载，并有私人药铺出现。宋代，古城内形成著名的药材一条街——药市街（现改名为"学士街"）。南宋庆元元年（1195年），苏州创设官办的太平惠民药局（又名"太平惠民和剂药局"），地址在今天的醋库巷。药局制作各类饮片丸散。至绍定四年（1231年），又创设官办的"济民药局"，为官方主办的、医药一体的机构。据《济民药局记》记载，当时的规模颇大，"为屋三十有五楹，炮泽之所，修合之地，监临之司，库稟庖湢，炉碓鼎臼，翼然井然，罔不毕总"（苏州大学出版社2004年4月第1版，2007年7月第3次印刷《吴门医派》第176页）。济民药局的门市卖药（带有慈善性质），后坊切制饮片，合为中成药。当时，已有丸、散、膏、丹、药酒、膏药等各种剂型。药局医师和"太局"医师的验方，至今仍在应用的称为"局方"。宋代私家药铺分为生药铺和熟药铺。药铺后坊加工原药，自制自销并配发使用说明书，1978年苏州盘门瑞光塔出土的"皂角丸"仿单（即药品说明书）即为例证。此外，街头还出现了个体卖药人，他们肩挑盛有饮片和汤药的药担，沿街叫卖。

元代陆友仁的《吴中旧事》，记载了一家鲜为人知的私人药铺。药铺业主朱冲，北宋大观、政和年间人，为人狡猾而智敏。朱冲也许知道自己赚的钱有些来历不正，就笼络人心做一些善事，比如，"每春夏之交，即出钱米药物，募医官数人，巡门问贫者之疾"（广陵书社2004年12月第1版《吴中小志丛刊》第10页）。

元代，太平惠民药局的名称和经营性质不变。大德八年（1304年），药局由"官医"提领所管辖。王珪炼制的"礞石滚痰丸"，流传至今仍在应用。明代,随着医术的进步,中药的品种也日渐增加。对于切制的饮片和炮制的丸散,药师们已经能根据不同品种的性能进行操作,摸索出比较完整的工艺。制药工具也日趋完善。后世药铺标榜的"遵古炮制",即以此为依据。同时,由于医师复方处方的发展,丸散膏丹品种也逐渐增加。为方便病人,原来生、熟药铺的界限被打破,饮片和丸散合一的药铺开始出现。以祖传秘方自制自销的家庭小药铺也应运而生。

明代,苏州药商药铺大都集中在阊门外运河两岸,市场非常繁荣。如今,在阊门外上津桥桥堍,建起一座花岗石碑亭,亭内立有一块清代光绪三十年(1904年)刻的石碑,上书:"明郝将军卖药处"。郝将军乃明代的一位武官,战功卓著。清室入关,他以遗民流寓吴中隐于上津桥,以卖药为生,兼为贫困者治病。不为良相即为良医,谱写了一曲感人佳话。

清初,官办的太平惠民药局改称医药局。当时,苏州地产药材已逐渐形成"四小"格局(小草药、小花果、小动物、小矿石),并且以品种多闻名全国。各地药商云集苏州,药市号称东南第一。"吴门医派"的兴起,更促进了药业的繁荣。康熙十三年(1674年),药业商人在南濠街(现改名为"南浩街")卢家巷内设立药王庙,为药业同业组织。前店后坊的药铺也日趋完善。这些药铺有国药铺、国药号、中药铺等不同称呼。因为一些较大的国药铺都设有坐堂医生,故不少药铺都以"××堂"为号。据《苏州中药堂号志》记载:雷允上诵芬堂国药铺,创设于雍正十二年(1734年)。沐泰山堂国药铺,创设于乾隆二十四年(1759年)。其资产均达纹银数万两之巨。随着营业规模扩大,后坊已分列刀房、料房、杂房等部门。道光年间,药王庙改组,药材铺户在柳巷创设太和公所(饮片铺公所),药材批发行业在原药王庙设立药业公所,参燕行业在南濠街设立人参会馆。当时,苏州共有大小药业34家,其中药铺21家。咸丰十年(1860年),苏州西半城惨遭兵燹,雷允上、沐泰山等药铺损失严重,药市也由枫桥转移至阊门南濠街和山塘街一带。同治、光绪年间,药业再度兴起。光绪三十二年(1906年),药业增至56户,其中药铺43户,药材行13户。宣统三年(1911年),地产药材首次赴德国柏林,参加万国卫生博览会。

和药铺不同,药材行经营未经加工的药材。当时,苏州经营的药材有两大类:省外和进口药材称为"官料",主要有四川、广东、云南、贵州等地的知母、川贝、甘草,以及进口的羚羊角、血竭等,有400多个品种。药材行中"泰来德""德大亨"等户专营官料。地产药材称为"草药",主要有珍珠、乌梢蛇、灯芯草等200余个品种。药材行中"信隆盛""陆永记"等户专营草药。也有官料和草药兼营的药材行。

民国元年(1912年),苏州已有药铺55户,祖传成方小肆14户。当时,已形成四大名药铺:雷允上诵芬堂、沐泰山堂、良利堂、王鸿翥堂。据民国十年(1921年)太和公所资料统计,当年药铺申报的总营业额达50.53万元,其中雷允上诵芬堂名列首位,仅"六神丸"的销售额即达3.5万元。当时,全国中药铺行业已有"北同(同仁堂)南雷(雷允上)"之称,两者异曲同工,享誉海内外。四大名药铺的经营,形成各自的传统特色:雷允上以六神丸、痧药蟾酥丸、诸葛行军散、卧龙丸等享誉江南;沐泰山堂以常见病疗药见长,有肥儿八珍糕、虎骨木瓜酒、退云散眼药、人参鳖甲煎丸等;良利堂着重于精制饮片和滋补药品;王鸿翥堂偏重于首乌延寿丹等成药销售。各药铺还以讲究服务著称,如代客加工膏滋药、代研粉末、代合药丸、日夜配方,以及坐堂应诊、邮购等。良利堂还首创代客煎药、接方送药。

民国十九年(1930年),饮片药业同业公会在旧学前太和公所成立,会员49户;药材参燕业同业公会在卢家巷药业公所建立(后移至山塘街),会员16户。民国二十六年(1937年)十一月,日军侵占苏州后,药铺惨遭抢劫,损失严重。日伪统治时期,药价暴涨,药铺营业萎缩。抗战胜利后,各药铺仍勉力维持。

中华人民共和国成立之初,中药行业得到党和政府的大力支持。1950年,苏州有国药铺84户,资金8.45万元,另有药材行43户,参燕店9户,祖传成方小肆7户。1956年1月,中药行业归口药材公司,实行全行业公私合营。公私合营后,全市国药铺撤并为20个:雷允上(西中市)、沐泰山(上塘街)、良利堂(萧家巷)、王鸿翥(临顿路)、童葆春(道前街)、晋德堂(盘门)、同益生(葑门)、徐延益(桃花坞)、虎丘(山塘街)、太和堂(人民路)、杜良济(万年桥大街)、天益生(凤凰街)、宁远堂(山塘街星桥)、大利堂(东中市)、震元堂(临顿路)、灵芝堂振记(齐门)、潘资一(临顿路)、乐寿堂(西中市)、大吉春(金门)、镒生正(娄门)。1958年6月24日,在苏州市医药公司指导和管辖下,分别成立公私合营雷允上制药厂、沐泰山制药厂和王鸿翥制药厂。1959年10月,实行"厂店合一"形式,各药店经营单独核算。雷允上制药厂名称不变,沐泰山制药厂改称沐泰山药店工场,王鸿翥制药厂改称王鸿翥药店工场。

1966年"文化大革命"来临,"破旧立新"改名成为时髦,中药厂家和药铺纷纷改名。雷允上制药厂改名为苏州中药厂,沐泰山药店工场改名为大庆药店工场,王鸿翥药店工场改名为人民药店工场。雷允上的"九芝图"六神丸,也不伦不类改名为"咽喉丸"。其他被改名的丸散多达51种。1969年,包括童葆春在内的三家药店工场一起并入苏州中药厂。从此,苏州历史上前店后坊的药材加工方式彻底结束。苏州中药厂设在西中市499号,当年职工200人,固定资产原值16.8万元。

粉碎"四人帮"后,特别是改革开放后,苏州中药行业焕发了勃勃生机。1978年12月31日,苏州中药厂恢复苏州雷允上制药厂厂名。1980年5月,苏州中药二厂、苏州中药饮片厂并入苏州雷允上制药厂,实行苏州雷允上制药厂(全民所有制)和苏州中药饮片厂(集体所有制)两块牌子、一套管理机构,经济分别单独核算的管理体制。1981年,苏州雷允上制药厂被列入全国56家重点中药厂之一。1994年,雷允上诵芬堂药铺在西中市复业。1995年末,以雷允上制药厂和苏州药材采购供应站为核心层,组建雷允上药业集团公司,实行工商一体化。1997年,由集团公司所属20家中药店组成雷允上国药连锁总店,全市各中药店增挂雷允上连锁店牌号。同年,雷允上药业集团公司与中国远大总公司联合组建雷允上(苏州)药业有限公司。在雷允上的领衔之下,苏州的国药行业蒸蒸日上,享誉海内外。

第一章
传奇篇
——百年老店创业史

提起"雷允上"中药店,无论是老苏州人还是新苏州人,都是如"雷"贯耳。中药店,有中药铺、国药店、国药铺等不同称呼。苏州雷允上(诵芬堂)国药店,是一家名副其实的百年老店。在我国的中药行业中,雷允上是集名医、名药和名店于一体的药业泰斗。该店自清代雍正十二年(1734年)创业,到现在已有近300年的传奇历史。本章叙述雷允上从创业伊始,到中华人民共和国成立前的沧桑历史。其间,三落三起的坎坷经历可歌可泣,从一个侧面再现了苏州工商业的发展轨迹。

允上弃儒入杏林　雍正始创诵芬堂

"雷允上"和"诵芬堂"两个名称紧密相连。前者既是国药店的店主姓名,也是国药店的店名;后者是国药店的堂号。有趣的是,以前苏州市民到这家国药店配药,不同身份的人,对店名有不同称呼。普通市民称其为"雷允上",文人雅士称其为"诵芬堂"。有时,人们也往往将两者连起来以"雷允上诵芬堂"称呼。

提起雷允上,不能不先介绍一下雷氏家族。雷氏是苏州源远流长的望族。《通志·氏族略》记载,上古有诸侯国名"方雷氏"(一说为部落),其后裔以"雷"为姓。民间则相传,族人以天上打雷的"雷神"为姓保佑民安。还有一说,黄帝有一个大臣,名"雷公",以精通医术著称。苏州雷氏,至明清时期才见诸地方志。雷氏家族的先世,系江西南昌人。明初,有一个名叫雷唐的人,曾在常熟梅李(当时属于无锡)担任掌管学校的小官(一说为县丞),因为迷恋钟灵毓秀的常熟,遂将其父接来安家。此为苏州雷氏的始祖。相隔多年,八世雷嗣源又举家从无锡迁往苏州:"嗣源由锡迁苏,遂为苏州之吴县人。"(广陵书社2006年7月第1版《苏州名门望族》第409页)

药业巨擘雷允上,系苏州雷氏八世雷嗣源之子。雷允上不但是一位经营药店的药商,也是一位治病救人的郎中。雷允上(1696—1779年),名大升,字允上,号南山,生于清代康熙三十五年。(见图1)他在幼年时就天资聪慧,颇有才学,熟读诗书,善琴工诗,对医药书籍也很喜欢,但双亲不幸早逝,导致家境贫寒。19岁那年,他被一位地方官员相中,招为女婿。然命运多舛,一年后娇妻不幸亡故。

图1　雷允上画像

正值青年的雷允上,曾经两次进京会试,可惜都因病不能进考场,与进士及第失之交臂,令人扼腕叹息。回家途中,他顺道游览当地的深山名川,以消除心中的烦闷。在山里,他偶遇一位采药者。仙风道骨的老者引起了雷允上的兴趣。于是他临时拜师,跟着老人采集中草药,收获颇丰,带回来一批名贵药材。目睹亲人因病接二连三去世,自己也因为生病而误考,有感于治病救人的重要性,他毅然转变观念,弃儒从医,做出了"不为良相,则为良医"的人生重大选择。他投拜当时的姑苏名医王晋山(一作王晋三)为师。拜师后,开始学习《黄帝内经》《神农本草经》《汤头歌诀》《药性赋》等中医基础著作,对丸散膏丹的合炼也产生了浓厚的兴趣。日常则帮助师傅接待病人、抄方,随师傅出诊。(见图2)

苏州地处江南湿热地域,传染病防治非常重要。经过扎实的理论学习和临床实践,雷允上逐渐悟出了温病学说原理,掌握了辨证治疗的门道,积累了不少优质验方,在治疗传染性强的时疫等病症方面,取得了重大成果,成为吴门医派的一位名医(可惜,至今仍有不少史料仅仅把雷允上看成开药

图2　现存最早中医理论著作《黄帝内经》

店的药商)。有感于治病救人必须及时,用药必须优良,于是,雷允上产生了自己开国药店坐堂行医的想法。对此,老师王晋山大力支持。

古人造房子,讲究看风水选地址,开店铺也不例外。明清时期,阊门为姑苏繁华盛地,被誉为"最是一二等富贵风流之地"。这里,商肆鳞次

栉比,水陆交通便利。更重要的,这里还是一块与中药行业密切相关的风水宝地。其一,有药材行。当时的苏州药商,大都集中在阊门外运河两岸,市场十分繁荣。至今,在阊门上津桥畔还有一座碑亭,亭内立有一块石碑,名"郝将军卖药处"。此人名郝太极,明末云南人,曾经立下赫赫战功。清军入关,他流寓吴中,以医隐于阊门卖药。其二,有药王庙。苏州城里有一座药王庙,建于清代康熙十三年(1674年),由药业商人共同出资所建,为药业同行的组织机构,地址在石路南濠街卢家巷。其三,有名医叶天士。叶天士是吴门医派的名医,"温病学派"的代表人物。他曾拜名医王晋山为师,是雷允上的同门师兄。叶天士就住在阊门外渡僧桥下塘叶家弄(其故居保存至今,已列为苏州市文物保护单位)。近水楼台先得月,诊断中遇到疑难问题,雷允上可以及时向叶天士讨教。天时地利人和,雷允上才最终做出决定:国药店就开在阊门地段的天库前周王庙弄的弄口,闹中取静。

雍正十二年(1734年),雷允上国药店正式开业。至于开业的具体日期,有关史料没有记载。根据苏州传统习俗,店家开张志喜,选一个黄道吉日很重要。民间相传,雷允上为此破例去玄妙观,向一位资深算命先生请教。这位仙风道骨的高人问明事由后,在纸条上写了"胖一"两个字。雷允上不解其意,但对方笑而不答。雷允上回家再三研究后,高兴得一拍大腿:"有道理。"原来,用拆字法可以推出具体日期:"胖"的右边"半"和"一"经过拆字组合,就是"二十八";"胖"的左边"月",笔画共有四画,暗指"四月"。农历的四月二十八日,正巧是药王生日。翻一下老黄历,四月二十八日也适合开业。于是,黄道吉日那天,雷允上先带领店内伙计来到药王庙,烧香叩拜,然后回到店堂,开张志喜。但见张灯结彩的店门外,锣鼓喧天,鞭炮声声。人们从四面八方涌来"轧闹猛"(凑热闹),争先恐后一睹为快。

凡是药店,大都有一个高雅而寓意深刻的堂号。雷允上国药店以雷氏家族堂名"诵芬堂"为堂号。巧的是,这个堂号还有一层特殊的含义:诵芬,诵读药材芬芳,药香书香融为一体。以楠木精制成匾,堂号镌刻其上,悬挂在店堂上方。国药店集柜台配药和坐堂门诊于一体,其前店后坊格局颇具规模:有售药的店铺,有加工药材的作坊,还有堆放货物的货栈。此外,作坊后面还辟出一块荒地建起药圃,栽种了薄荷、鱼腥草、半边莲、垂盆草等中草药。现摘现制的原生态中草药,保证了药材质量。

秋涛立规订章程　事业有成起风波

诵芬堂开业后,在各方面严格把关。俗话说得好:"药材好,药才好。"当时的苏州是江南最大的中药材市场之一,全国大部分地区的中药材都在这里囤积、周转和发售。选购药材一项,不仅学问深,生意经也不少。从长远利益考虑,诵芬堂非常注重进货渠道和药材质量,因而炮制出来的药丸,往往质优效好,很受顾客欢迎。比如选用黄连,就指定著名的"山阴连"品牌;楝树子,专门采购最为上乘的四川产地所产的;枸杞子,非甘肃出产的不可;止咳化痰所用的陈皮,坚持选用广东新会所产的"个大皮厚"橘皮;川贝也有考究,须选用四川松潘所产;枫斛的原料,称为铁皮石斛,选用在安徽霍山县山间的石缝所采的。采购来的药材存放在专门仓库内,有专人负责通风、晾晒等保管工作,有的还要进行初步加工整理,比如,一支当归药材就要分成"归头""归身"和"归尾"三部分,各尽其用、各尽其妙。

药店店规严格,对招进来的药工进行业务培训,考核合格才能上岗。如此,店里的药工精通业务,人人都有一手过硬的本领。店里的抓药工,看方子不能看错,尤其要熟悉潦草字的写法,称药材不能少称,也不能多称。他们接到顾客递来的药方,便"按图索骥",熟练地抓取所需的药材,开抽屉、关抽屉,从这瓶到那瓶准确抓取,熟能生巧,不看抽屉上标明的药名,就能一步到位"一次清"。各类药材计量称重后,分别用纸包好,每一帖药内,总有几个小包,先煎后煎的要分开包,小包有纸包的,有纱布包的,都必须分清楚。用鲜荷叶包装的,要用针在荷叶上刺出一排排的小孔,强调以人为本的细节服务。最后,附上"诵芬堂"的标签纸,将各个药包牢牢捆扎后递给顾客。整个过程如行云流水,一气呵成。

作坊内的制药工,也同样必须精通业务。煎、炒、渍、切、炙、碾、筛等,各道工序都要得心应手。单是"切片"这道工序,就要做到"薄似蝉翼,亮如鱼鳞",如此切成的药片,不碎不斜,匀称美观,犹如一件艺术品。橘皮表面呈锅子形,要将其完整地一切为二也非一日之功。雷允上根据员工技术好坏评定等级,发放不同的酬金。店堂的抓药工也细分等级,分为头柜、二柜、三柜等。作坊(工场)的制药工则分为头把(刀)、二把(刀)、三把(刀)等。此外,还有厨师一名,烧饭做菜之外,兼司职磨药。店内另招收学徒几名,三年满师,满师后方能留在店内当正式伙计。

每天,雷允上都坐堂门诊。中医治病,讲究"望、闻、问、切"。望,望色,通过观察病人的脸色、舌苔等了解病情;闻,听声,通过听病人的呼吸等了解病情;问,问询,通过向病人问询了解病情;切,切脉,通过搭脉了解病情。如此,对症下药恰到好处。诊断后,立即开处方让药工配药。如此"一条龙"服务,病人不用东奔西跑,就能在店堂内配齐所有中药回家。对于远在农村划船而来的乡民,更是最大的福音。

雷允上待人热心,医术高明,用药考究,治病有奇效。他根据研究心得《要症论略》中的验方试验成功多种合成药,疗效显著。他还亲自上炉台,炼合丹丸,修合的丸、丹、膏、散,选药地道,有不少是用麝香、珍珠、西黄、犀牛角、猴枣、马宝等细料药材加工而成,所以药效特别灵。其中,以治疗霍乱的痧药"蟾酥丸""诸葛行军散"最负盛名。"蟾酥丸",从俗称"癞蛤蟆"的蟾蜍身上提取蟾酥而制成。如此,不值钱的"癞蛤蟆"变成了病人喜欢的"天鹅肉"。"诸葛行军散"相传为诸葛亮发明。当时,士兵在行军中,因为长途奔波,容易水土不服患上传染病。诸葛亮研制出这一治愈传染病的良药,该药即取名为"诸葛行军散"。后来,该药方失传。雷允上通过精心研究使之恢复,成功地创造了奇迹。乾隆二十年(1755年),苏州及附近各县水旱疫情频繁发生,以后又多次发生疫情。在没有特效药的情况下,"蟾酥丸"和"诸葛行军散"这两种"神药"及时救治了许多病人。雷允上声名鹊起,每天前来配药和求诊者络绎不绝。

雷允上不但是一位儒商,还是一位儒医。他把多年问诊积累的实践经验写成医案著书立说,主要有《金匮辨证》《要症论略》《经病方论》《丹丸方论》《温毒病论》等。遗憾的是,这些宝贵的医书均毁于太平天国战乱。所幸的是,并非医书的《琴韵楼诗存》保存至今,弥足珍贵。乾隆四十四年(1779年),雷允上因病去世,享年84岁。雷允上有四子,雷楷、雷椿二子早丧,存世雷桂、雷兰。雷桂有四子和孙子多人,长子梦熊(号礼堂),次子梦麟(号耕堂),三子梦鹏(号绮堂),四子梦骏(号蕉园)。雷兰为庶出,其儿子叫梦鳌(号松圃)。雷桂规定:后裔分别称为礼大房、耕二房、绮三房、蕉四房、松五房;同时又规定:从"梦"字辈起,排辈起名依次为"荣、庆、文、学、传、家"。后来因为种种原因,从十八世起,不按辈分取名。

雷桂(1737—1811年),字宫蟾,号秋涛,晚号"粤西史隐",为苏州雷氏第十世。他曾经署理广西苍梧县知县,50岁前后返乡继承父业,经营药铺达20余年。接管药铺后,他深感自己肩上的责任重大,于是,把自己从政的经验成功地运用到药铺的经营管理上。新官上任三把火,雷桂大刀阔斧整顿家务,制定了药铺经营发展规划和店规条文,以及对家业分配的规定。雷桂虽然没能继承父亲的医术,但努力钻研业务,学到了丸、丹、膏、散的制作技艺。嘉庆八年(1803年),雷桂又进一步完善有关规章制度,史称"秋涛立规",主要内容有《订准章程》和《分拨店业书》。规章嘱咐家人"自拨之后,汝弟兄皆同心协力,料理店务,不许各存异见,以致参商"。同时,还严格规定各房子孙"不准另行开设诵芬堂药店,倘弟兄内有生端者,作不肖论"。(广陵书社2006年7月第1版《苏州名门望族》第411页)从诵芬堂的长远利益考虑,雷桂让三个儿子梦熊、梦麟和梦鹏共同参与经营。梦麟和梦鹏主管财务,负责营销和进货事宜。梦骏当时年纪尚幼,不问店事。在雷桂的努力下,诵芬堂顺利完成换代接班工作,日常经营依然红红火火。

嘉庆十六年(1811年),雷桂因病去世,享年74岁。他去世前立下遗嘱,将药店产权传给四个儿子和一个侄子(即雷兰的儿子雷梦鳌)。五房小辈各得产权的百分之二十。其中三房梦鹏长期独子单传,股权始终保持五分之一,成为大股东,而其他各房孙辈众多,股金分散,因而各房后代所持股权相差悬殊,这也为后来的门户之争埋下伏笔。尽管如此,他们还是齐心协力,共同谱写了诵芬堂药店的百年传奇。

乾隆、嘉庆年间,雷允上诵芬堂药铺生产的痧药蟾酥丸、卧龙丹、紫雪丹等急救药品广受病家欢迎。药铺资产已达纹银数万两之巨。制作药品的后坊扩大规模,分列为刀房、料房、杂房等部门。但好景不长,诵芬堂药店第一次出现危机。诵芬堂自开业后,依托"蟾酥丸"和"诸葛行军散"以及其他一些热门品种销售大江南北,获得丰厚的盈利,但这些治疗时疫的药品基本上只在夏秋季节热销,其他季节门庭冷落,营业寥寥。一些饮片以及丸、丹、膏、散的经营品种远不如附近的一些同行多而全。如此片面依靠名牌"单打一",固守传统经营方式,导致营业业绩每况愈下。至道光六年(1826年),药店全部资产仅10000余两纹银,而负债却高达16000

余两纹银。面对资不抵债的严重亏损局面以及同行的激烈竞争，店内人心惶惶，有些店员准备"跳槽"去其他药店。在这危急关头，四房的雷梦骏挺身而出。他说服家人，将自己名下应该支取的2990余两纹银补贴药店开支，从而缓解了经济危机。嗣后，药店又学习其他药铺的经商经验，弥补自身的不足。如此，诵芬堂才起死回生渡过难关。

庚申之变受重创　避难上海谋发展

起死回生的诵芬堂经过20多年的努力，经营方大有起色。店铺经营的中药材品种丰富多彩。苏州地产药材有400余个品种，常年经营的有薄荷、枇杷叶、淡水珍珠、荷叶、莲子、芡实（鸡头米）、灯芯草、代代花、银杏（叶、果）、忍冬、芦根、七叶一枝花、绿梅花、乌梢蛇、龟壳等。外地品种有人参、八角、三七、大黄、大枣、山柰、山楂、天麻、乌桕、石斛、生地、当归、杜仲、茯苓、黄连、蜈蚣、车前草、何首乌等。逢年过节，药店还推出各类时令药品。每年端午节前夕，供应雄黄、苍术和白芷，让郊外农民驱赶毒虫和蚊蝇。每年盛夏来临前，加工各种花露，如金银花露、蔷薇花露等。药店平时还经常派伙计挑担送药下乡，并免费为农民治疗一些常见的小毛病。同时，还顺便收购中草药，以及壁虎、蛇蜕、蜈蚣、蟾酥等动物性中药材。有趣的是，店里供应的"甘草梗"和"甘草粉"，价廉物美，还可以作为小孩"休闲"的零食，最受孩童喜欢。一只小铁皮盒，洗洗干净，盒盖钻上小孔后放入甘草粉。小伙伴聚在一起玩耍时，通过小孔吸食甘草粉，颇具情趣。

为严格规章制度，诵芬堂药铺推出了一系列新举措。其一，药品保管制度。对一些贵重药品，比如麝香、羚羊角、犀牛角、牛黄，以及砒霜等剧毒药，由经理指定稳健员工实行专职保管，收发都有账可查。其二，员工配药优惠。凡是员工本人生病，可在店内自行抓药，店方不收任何费用。直系亲属生病，配药享受一定折扣。如此明确规定，杜绝了员工偷拿药品的现象。其三，热情接待顾客。店方向员工灌输"顾客至上"的服务理念。服务中，笑脸迎客。发生矛盾时要耐心解释，晓之以理动之以情，不许与对方争吵，更不准动手打人。否则，一次给予"警告"，两次请你"卷铺盖走人"。平时，员工在柜台内小桌上吃饭，如有顾客前来，不能怠慢，必须立即放下饭碗接待。年终,店方召开员工团拜会,对表现好的员工不但发红包,还有另外的奖励。其四,改进营业方法。药铺每天经营的时间从清晨直到晚上八点。打烊之后,还有店员在店内值班。病家前来敲门后,店员打开门上的小窗口,接过方子抓药。如果病家没有药方而告知症状,店员也能应急先配一些急救药,使病人延至第二天早上再去就诊。酷暑天痧气流行,店里免费供应痧药。

清代咸丰初,雷氏家族中的十二世"荣"字辈(共13人)大都已经凋零,诵芬堂的经营大计由十三世"庆"字辈(共15人)共同商量决定,十四世"文"字辈也崭露头角。谁知,天有不测风云,人有旦夕祸福。正当雷氏家族人丁兴旺,店业蒸蒸日上之际,一场俗称"庚申之变"的兵祸从天而降。咸丰十年(1860年),太平军击败清军攻占苏州古城。"阊门中市自西及东,直巷则专诸巷、吴趋坊,横巷则天库前至周五郎巷,延及刘家浜巷房屋之后,半尽煨烬。"(广陵书社2006年7月第1版《苏州名门望族》第412页)经营126年的诵芬堂国药店也在劫难逃,被无情的战火付之一炬,药铺顿成一片断垣残壁。当时,店里的员工已经惊慌出逃,店主雷庆镰生怕歹徒趁火打劫,就坚守在店里,因为阻止前来的士兵抢劫,不幸被杀害。其妻与一个儿子也同时遇害。乱军士兵究竟是太平军还是清军,已无法知晓。另一子雷文均非常机灵,当时年仅10岁,见乱军闯进店铺,就趁机从后面出逃,因为无家可归,整天流浪街头乞讨。后来,一位好心的太平军士兵见小孩可怜,就动了恻隐之心将其收养。在这次战乱中,遇害的雷氏族人多达十余人。这是雷氏家族和药铺出现的第二次危机。这次危机比第一次严重得多,它直接关系到诵芬堂国药店的生死存亡。

值得庆幸的是,雷氏家族并没有被赶尽杀绝。战乱事发前,他们就听到了风声。三十六计,走为上计。药铺的雷氏股东雷庆鋆、雷如金、雷庆岭、雷庆和等人,将店内的贵重细料药材和现金等物随身携带潜往上海。雷莲伯和父亲雷浚以及部分眷属避难至偏僻的外地,一个叫"鹅湖"的乡村。有一天,太平军忽然到来,雷浚来不及逃避被抓,成为随军挑担的伙夫。年幼的雷莲伯苦苦哀求而涕泣,要求以身代替。太平军被他的孝行感动,把两人都放了。于是,得以脱身的父子二人辗转避难一路流浪,途中几次遇险。有一次,父子二人饿得昏了过去。一位农妇在路上看见后,回家取来米饭相救。沿途流浪将近三年,父子二人才来到上海,与雷庆鋆等族人相聚。以后,他们大部分成为上海"雷允上申号"药铺的创始人。

与雷家其他族人不同的是,雷浚后来没有继承家族衣钵经商,而成为事业有成的"另类"专家:水利家和文人学者。其人其事,在《奇人治学又治水　林公赠送戒烟方》中专门介绍。

千里跋涉寻人质　同治复兴西中市

同治二年(1863年),清军占领苏州。古城结束了动荡局面,社会秩序开始好转。听到这个喜讯,原先在远乡僻地和上海的部分雷氏族人以及药铺的一些员工陆续返回苏州。经统一思想,大家群策群力共谋复业大计。事不宜迟,众人合理分工各司其职。雷莲伯、雷庆和等人选址西中市都亭桥堍,临时租房先行复业。这里距离原来的老药铺不远,具有地理优势。

与苏州诵芬堂复业遥相呼应,远在上海避难的雷子纯、雷磐如等人,在战后困难的情况下,利用出逃时带来的一批药品,努力自谋出路,在街头摆摊售药。后来,他们在上海兴圣街(今上海人民路永胜街)开出药铺分号,名"雷允上诵芬堂申号"。从此,雷允上药铺由一家变为二家。它的意义在于:其一,在外地开设分号,跳出苏州走向全国。其二,拓宽集资渠道。在开店集资的800两纹银中,有300两为外姓股,由平源记、童清记两家入股。平、童两家股东后来退股。

不久,又传来一个喜讯:雷文均并没有遇难,而是随太平军西撤到江西,但究竟在江西的哪里,不得而知。要从太平军手中夺回"人质",显然有相当大的难度。就在大家一筹莫展时,年近40的张玉亭挺身而出。此人是诵芬堂药铺的老员工,工作一贯勤勤恳恳,深受经理器重和员工的尊重。有一天傍晚,一个歹徒前来抢劫,拿了柜台上员工找给顾客的钱就逃。张玉亭大喝一声,拔腿冲出柜台就追,最后,把歹徒死死按在地上。从此,他得了一个"猛张飞"的绰号。这次,张玉亭又自告奋勇千里寻主。他带上干粮,一路上跋山涉水打听问讯,历经千辛万苦,终于在江西找到失散多年的小主人。一个月黑风高之夜,张玉亭花钱买通哨兵,携带雷文均逃出太平军的帐篷。这一传奇式的"千里夺人质"经历一时成为美谈。

雷文均回苏州后,由他的叔叔雷庆和收养。叔祖父雷浚充当家庭老师,对其传授文化知识。同时,让雷文均留在店中当学徒,学习必要的药业知识和经商之道。数年后,聪明而勤快的雷文均学业有成,担任了药铺经理。不久,雷允上诵芬堂于西中市置地,复建了新的药铺。同治十一年(1872年)、光绪二年(1876年),又先后两次在原来药铺遗址(天库前残屋)上重建店屋,作为堆放货物的货栈以及加工药材的作坊。至此,庚申之变的创伤逐渐抚平。当时,雷氏"庆"字辈正当壮年,"文"字辈共有16人。其中,雷子纯和雷文衍(滋蕃父子二人)为诵芬堂中兴大业做出了杰出贡献。

清同治三年(1864年),神奇的中药六神丸问世。雷子纯当年在上海摆摊卖药时,一个偶然机会,从一位顾姓老者手中得到一张残缺的祖传秘方。他经过反复多次研制,不断调整配料种类和剂量,终于合成了一味中成药药丸。因为该药以六味名贵中药配制而成,能消肿解毒、清热止痛,服后使人的心、肝、肺、肾、脾、胆(六神)皆安,故得名"六神丸"。从此,六神丸成为诵芬堂的"镇馆之宝",给药铺带来了意想不到的丰厚利润。后来六神丸远销东南亚一带,被视为"神药"。(见图3)

图3 六神丸包装盒

"寻觅药渣明真相",这是一个发生在雷允上药铺的有趣故事。以前,苏州人有一个颇为流行的吃中药习俗,叫作"倒药渣"。病人服用的中药,要放在砂锅中加水煎煮,称为"煎中药"。病人服用完药汤后,就把剩下的药渣倒在家门前的路上。如此,让经过的路人踩上药渣,带走晦气和病根,病人身上的病才能治愈。显然,这是一种迷信习俗。有一次,一位病人在雷允上配药服用后,病情不但没有好转,反而出现加剧现象。于是,病人家属前来大吵大闹,要求药铺赔偿损失。店家觉得此事很蹊跷:明明严格按照方子配药,怎么会出差错?于是,店家派老药工到病人家里寻找原因。仔细问明煎药的详细过程后,老药工心中有了底。于是,他走出门口蹲下身子,用手拨弄病人倒在地上的一堆药渣。很快,查明了事实真相。原来,家属误把家中遗留的一味毫不相干的中药"画蛇添足"混入药锅中煎煮,从而导致病情加重。雷允上诵芬堂从这次误会中吸取教训,坏事变成好事。从此,店内员工走在路上,只要发现病人倒下的药渣,不管是不是在自家配的,都会习惯成自然地去拨弄,从中判断是什么方子,治什么病。如此,既可以提高自己的鉴别能力,也可以学习其他药铺的配方为我所用。一举两得,何乐而不为?

赏罚分明严店规　光绪中兴起宏图

同治末至光绪初,苏州和上海两家诵芬堂药铺在经营上仅能勉强维持。要走出困境,必须变革。光绪六年(1880年)六月,由"绮三房"雷子纯和"松五房"主持,经过雷氏家族共同商量,制定了高瞻远瞩的"中兴之策"合议书,掀开了诵芬堂药铺发展历史上崭新的一页。合议书既尊重历史上的有益传统,又修改了"分拨店业书""定准章程"中不尽合理、挫伤"合族和睦"的部分规定。与会者一致推荐雷子纯为诵芬堂经理。从小聪颖好学的雷子纯成年后富有经营谋略,是最合适的接班人。

合议书中制定的店规,详细而规范。比如股金分配:药铺的资产实行股份制,原来外姓拥有的股份必须退出(平源记、童清记两家入股的300两纹银后来退股)。雷氏家族各房出银1000两,合计5000两,盈利亏损与投入资金挂钩,多盈多得,多亏多补不保本。在福利待遇上,规定员工的膳食由店内免费供应,宿舍也由药铺提供。在分配待遇上,雷允上员工与其他中小药铺员工相比,酬金往往高出一些。因此,这些员工工作比较安心,内部也比较团结,很少出现"跳槽"现象。

药铺的用人制度非常严格,赏罚分明。员工必须是本店学徒出身,否则不予录用。学徒工从最基本的"研铁船""筛药粉""泛丸药"开始。学徒三年期限内一律住宿在店铺。对家眷住在外地的已婚员工,每人每月只能轮流分三次回家。学徒进店一律剃平顶头。凡是吸毒、赌博、配错药、先动手打人者,轻则训责,重则除名。按照传统做法,技工、配药工多为江宁(南京)人,他们往往世代相传或沾亲带故,在技术上能把关。

雷氏子弟在本店当学徒,必须品德端正,经同族多数人认可。学业期间与外姓学徒一视同仁,同样要严守店规。根据雷氏族规,凡族人担任药铺经理，必须在前任缺席情况下，先尽长房长孙递充，后由其他族房依次递补。如果各房推不出合适人选，则由各房合议后，按照"少数服从多数"的原则，推荐出适当的人选。比如后来的雷学嘉、雷学乐分任苏、沪两地诵芬堂的经理，就是由各房合议后推荐的。

诵芬堂药铺的进料制度也十分严格。比如，麝香选用"杜字香"，珍珠选用"老港濂珠"。进货时严格验收，从经理到具体采购人，层层监督把关。凡是不符合质量要求的，不是网开一面下不为例，而是一票否决坚决退货。比如有一次，雷磐如不慎购进了次品珍珠，根据店规不但退货，而且本人也被迫引咎辞职。还有一次，一位老药工也不慎购进次品珍珠，验货部门坚决不收，只能退货。

雷允上诵芬堂成为著名药铺，主要以制度严明、管理严格为保障。药品精选地道药材，修合遵照祖法。从光绪二十八年（1902年）起，诵芬堂药铺业务蒸蒸日上，营业额与日俱增。每年夏季来临，生意特别好。出售的各类膏、丸、散丹药品多达15个门类300余种，主要品种有：诸葛行军散、八宝红灵丹、辟瘟丹、紫金锭、纯阳正气丸、小儿回春丹等，尤以六神丸为最。六神丸为黑色的细小颗粒，状如芥子，圆整光亮，以牛黄、麝香、蟾酥等名贵细料药材修合而成。它具有镇痛、消炎、解毒等功能，对烂喉丹痧、咽喉肿痛、喉风喉痛、单双乳蛾、乳痈乳癌以及无名肿毒等感染性疾病均有良好疗效。它既可内服又可外治，服用剂量小，但起效快，被人们誉为"中药抗生素"。民间也常常购买赠人，将此作为交往之间的雅事。同时，六神丸也受到海外华人与侨胞的青睐。

雷子纯为诵芬堂药铺的兴盛，力倡"中兴之策"，并且研制成六神丸，堪称劳苦功高。由于呕心沥血过度操劳而英年早逝，令人扼腕叹息。其子雷文衍遗传父亲的优点，青年时即自立，精于经营之术。庚申之变后，他在上海创建雷桐君堂药铺。药铺规模虽然不大，但在他的刻意经营下，业务也颇为火红。他从父亲手中得到六神丸药方后，就在苏州通和坊家中生产六神丸，然后运往上海药铺销售。当时，六神丸的年产量在2000料（计量单位，用于中医配制丸药，处方规定剂量的全份为1料）以上。

由于疗效明显，六神丸一时供不应求，顾客常常在店门口排起长队，构成一道特殊的风景线。于是，雷氏族人决定调整经营方向，以六神丸为主要产品集中经营。如此,雷桐君堂药铺独家经营六神丸的局面将被打破。为了雷氏家族的长远利益,宽厚仁慈的雷文衍顾全大局,毅然将自己在上海的药店关闭,同时,把六神丸的药方以及包装上的说明文字"雷滋蕃牌六神丸"改为"雷允上诵芬堂六神丸",雷桐君堂药铺的所有员工也全部并入苏州的诵芬堂。此举得到雷氏族人的高度好评。为了表示感谢,诵芬堂药铺一次性付给雷文衍一万两银元,并且约定:每销售六神丸一料,雷文衍可提取三两纹银。后来,六神丸药方经过雷莲伯和雷理卿改进,疗效更加显著。

商标注册九芝图　民国鼎盛树丰碑

孙中山先生领导的辛亥革命推翻了清朝政府,建立了中华民国。喜迎新时代,诵芬堂药铺也迎来了辉煌的鼎盛时期。据有关资料统计,包括雷允上在内,其时苏州已有中药铺55户,并且形成雷允上诵芬堂、沐泰山堂、良利堂、王鸿翥这"四大名铺"。民国八年(1919年),雷允上营业额达239000余两纹银,业界始有"北有同仁堂、南有雷允上"之美誉。

适应时代变化,诵芬堂药铺认识到"注册制"对商家经营的重要性。早在民国初年,雷允上诵芬堂苏州总号和上海分号即以经理雷文衍以及代表业主雷文均、雷文桐等人向吴县呈请商号注册,取得了官方认可的营业执照。(见图4)民国十七年(1928年)六月,又向民国政府全国注册局登记,领取两份营业执照。一份为苏州执照,内容为:

商号:苏州雷允上诵芬堂(总店)
营业范围:各种药材及丸散膏丹
商业主人姓名地址:雷文衍住苏州通和坊
　　　　　　　　　雷文桐住苏州西支家巷
　　　　　　　　　雷文安住苏州西美巷
　　　　　　　　　雷学修住苏州嘉余坊
　　　　　　　　　雷学懋住苏州刘家浜
总店所在地:苏州阊门内西中市大街

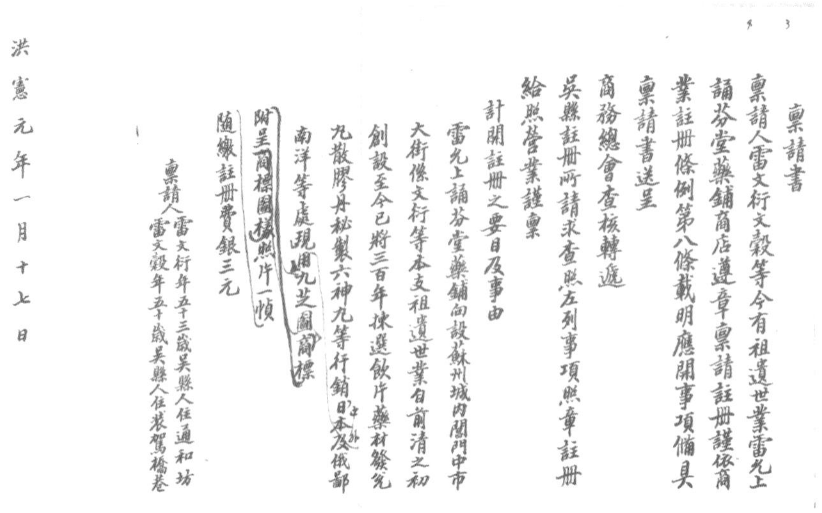
稟請書
稟請人雷文衍文穀等今有祖遺世業雷允上
誦芬堂藥鋪商店遵章稟請註冊謹依商
業註冊條例第八條載明應開事項備具
稟請書送呈
商務總會查核轉遞
吳縣註冊所請求查照左列事項照章註冊
給照營業謹稟
計開註冊之要目及事由
雷允上誦芬堂藥鋪向設蘇州城內閶門中市
大街係文衍等本支祖遺世業自前清之初
創設至今已將三百年揀選飲片藥材發兌
丸散膠丹秘製六神丸等行銷日本及俄鄙（中外）
南洋等處現用九芝圖商標
附呈商標圖樣照片一幀
隨繳註冊費銀三元
稟請人雷文衍年五十三歲吳縣人住通和坊
雷文穀年五十歲吳縣人住裝駕橋巷
洪憲元年一月十七日

图4　注册禀请书

另一份为上海执照，内容为：

商号：上海雷允上诵芬堂（支店）

支店所在地：上海法租界民国路新北门兴圣街口251号

雷允上六神丸畅销海内外后，市面上出现了大量假冒伪劣产品，其中，较为突出的造假者是日商矢渡平兵卫。民国十三年（1924年），他以“雷允号”和“雷允”作为联合商标，向上海商标局呈请注册，昏庸的上海商标局居然准备批准。上海总商会得知后，立刻致函苏州总商会。苏州总商会又转告苏州雷允上诵芬堂总号：尽快自行依法追究。经过严正交涉，才使日商的注册阴谋失败。

民国十七年（1928年）九月十九日，雷允上药铺将六神丸注册“九芝图”商标，取得了专用权。这是我国工商界最早注册的商标之一。“九芝图”商标的设计颇具匠心，堪称一幅工艺佳图：长方形的边框上部题“雷允上诵芬堂药铺”；边框四周围以仙草，呈椭圆形；鼓凳形的红木盆架上搁置一只青花瓷盆，三足鼎立；盆内栽植一丛灵芝，九片云朵形的灵芝婀娜多姿、错落有致；灵芝上端围绕着三个词，分别为：注册、商标、商部。灵芝即灵草，古人认为“芝”是仙草，服之可以长生不老，故称为“灵芝”或“灵草”。故班固《两都赋》云：“灵草冬荣，神木丛生。”灵芝是一味著名的中草药，性温味甘，功能益精气、强筋骨，主治心悸、失眠、健忘、神疲乏力等病症。民间把灵芝作为吉利象征,在传统建筑中,常常将灵芝用于木雕、石雕、堆塑等图案中。诵芬堂的"九芝图"商标不但在视觉上惹人喜欢,而且在听觉上也讨吉利口彩:"九芝"谐音"久治"和"救治",受到广大求医者的欢迎。(见图5)

民国二十年(1931年)前后,各地冒牌六神丸、假六神丸更是充斥市场。为此,苏州雷允上诵芬堂经理雷征明、上海雷允上诵芬堂经理雷显之在1931年10月15日的上海《新闻报》上为六神丸商标改用新仿单做紧要说明:将"雷允上诵芬堂水印"八字改为红色"双勾"字(俗称"空心"字),又将长方形旧声明章一方,改印本堂商标,另加"雷允上诵芬堂"朱砂篆文印章一方。之后,为了防止不法之徒假冒,该商标的图案又有所改进,但"九芝"名称始终不变。

图5　九芝图商标

注册了正规的商号和商标,就可以名正言顺参加各种展览会,从而起到广告作用而扩大影响。民国四年至二十年(1915—1931年),在国内外举办的多次展览会上,六神丸成为万众瞩目的热销商品,荣获诸多奖状和奖品。比如,民国四年(1915年),荣获江苏地方物品展览会奖状、奖章;民国五年(1916年),荣获农商部物产品评会奖状、奖章;民国十八年(1929年),荣获工商部国货陈列馆奖章;民国十九年(1930年),荣获西湖博览会奖状、奖章;民国二十年(1931年),荣获实业部奖状。从此,神奇的六神丸从江浙一带辐射全国,并且推销到日本以及缅甸等东南亚国家。民国十五年至二十二年(1926—1933年),雷允上药铺年平均营业额已达60万银元,其中1931年更高达90万银元。营业额内,六神丸的比重占百分之四十。鼎盛时期,店内员工年终分红多达数百银元。一时间,前来雷允上药铺应聘者络绎不绝。

鼎盛时期,诵芬堂生意兴隆,雷氏宗族财源滚滚而来,家家户户生活富裕。雷文钧当经理时,征得家族同意,在西麒麟巷建起了雷氏宗祠,用于祭拜祖先,不忘先贤雷允上创下的业绩。富而思善,雷氏家族还慷慨捐资,投身社会公益事业。逢年过节,药铺常常施粥施药给附近的贫困人家。两件大善事,更令广大市民称赞。(详见《乐善好施多义举 修桥办学献爱心》)

从清末至20世纪40年代,雷氏家族不断出现堪称人才的名流,影响较大。当时社会上一致评价:雷子纯、雷文衍父子二人业绩,是雷允上创业以来无人可以相比的。清末,雷理卿和雷学懋涉足政界,分别拥有盐运使、朝议大夫等官职,亦商亦官,成为士绅中的头面人物。雷文衍、雷文安先后担任诵芬堂经理,他们都由雷氏各房代表公选后产生,和大多数历任经理一样,他们当初都在药铺当过学徒。当然也有例外,比如后来当经理的雷学嘉、雷学乐、雷传湛,并非学徒出身而是科班出身。雷学嘉,上海法政学院肄业;雷学乐,毕业于上海大同大学外文系;雷传湛,毕业于东吴大学。雷学嘉和雷学乐为兄弟,是"蕉四房"雷浚的曾孙。民国十九年(1930年),他们合编《雷允上诵芬堂丸散饮片全集》,并且出版。该书保存了博大精深的吴门中医文化,具有相当大的价值。当时,雷氏还和苏州的贝、严、顾等名门望族联姻,比如,雷传钰与唯亭的顾廷风为亲戚,雷学乐为怡园顾家顾笃璜的堂姐夫。

图6 雷允上药铺大楼

民国二十三年(1934年),苏州市政府拓宽东中市和西中市大街。趁此良机,雷允上诵芬堂在原址翻建原来的药铺,引进西式建筑风格,建造坚固耐用的钢筋混凝土洋房。洋房前后共两幢,前楼为三层,后楼为四层,占地面积456.89平方米,于民国二十四年(1935年)下半年正式落成。石库门顶部外立面为立体感很强的山峰式造型,上端有石刻阳文"雷允上"三字。这三个遒劲雄浑的擘窠大字出自江苏武进书法家唐驼手笔,至今历劫不磨。石库门两侧悬挂两块长方形铜质招牌,其一为"诵芬堂雷允上精选正药",其二为"诵芬堂雷允上阿胶丹丸"。(见图6)如今,保存完好的这幢西式洋房已经列入苏州市文物保护单位名录。

民国二十三年(1934年)十月,雷允上扩大规模,上海增设一家分店,即河南路桥北堍的"雷允上诵芬堂北号"。药铺增设饮片、药酒等业务。别出心裁的药酒(如人参浸泡的药酒)满足了"另类"喝酒市民养生保健的需要。与此同时,在民国路新北门兴圣街口251号(现人民路永胜街口),原"雷允上诵芬堂申号"改为"雷允上诵芬堂南号"。

20世纪40年代,药铺有一个传统服务项目,称为"代客煎药"。最早推出这一服务项目的,是上海的"徐重远"药铺。与服用西药和中成药不同,服用需要煎煮的"汤药"费时费力相当麻烦。于是,"徐重远"药铺灵机一动,创办"代客煎药、送药上门"的服务。如此,解决了顾客"吃药容易煎药难"的后顾之忧。该便民项目受到广大顾客的欢迎,同行纷纷仿效,雷允上也不例外,很快推出这一特色服务项目。

"代客煎药"的办理过程是:病人手持医生开的处方来到药铺,交纳一定的服务费用后,就可以享受到"喝现成药"的待遇。每天,药铺将煎好的汤药分成两份,装在特制的小型保温瓶中。其形制如同热水瓶,里层为保温的玻璃内胆,铁皮外壳的颜色分为红色与绿色,标明该药属于头煎或二煎。此外,瓶身上还注明一共几帖、现在是第几帖等说明文字。药铺早晨煎好汤药后,当日就送。如同邮局投递员投递书信报纸一样,送药员将药瓶放在自行车三角架的帆布兜内,两侧各一个。如此,既可以增加送药量,又能保持车身平稳。送药员骑车走街串巷,挨家挨户送药上门。送出煎药的同时,顺便回收昨日病人喝完汤药的空瓶。对一些腿脚不便的孤寡老人,送药员还热情帮助代寄书信。

配药宣传吴文化　茱萸最早称吴萸

人间天堂苏州,山温水软,自然条件优越。钟灵毓秀,独占形胜;风物清嘉,独领风骚。在丰富多彩的地产药材资源中,"四小药材"更盛名于世。所谓"四小药材"是指小草药、小花果、小动物和小矿物,相当著名的有薄荷、醉仙桃、九空子、佛耳草、挂金灯、卷柏、灯芯草、枳壳、青皮、芦根、荷叶、绿梅花、芡实、蜈蚣、地龙、乌梢蛇、珍珠等。其中,一些中草药还与众不同地冠以"苏"字头或"吴"字头,比如吴唐草、吴葵华、苏蜈蚣、苏玫瑰等。苏玫瑰,即苏州玫瑰花,因为"苏地色香俱足,服之方能有效",被誉为上品。蜈蚣,苏州人俗称"百脚"。梁代陶弘景在《名医别录》中记载:"蜈蚣,生江南大吴,赤头足者良。"该书是一部有较大影响的本草文献图书,后世遂有"舍苏蚣,均不可用"之说。

  雷允上药铺在制药售药的同时,还努力挖掘吴地丰厚的传统中药文化底蕴。每年立春、立夏、立秋和立冬四个节气,药铺都给前来配药的顾客附送小礼品:一份油印的中药故事。这些趣味横生的小故事,堪称辅助治疗疾病的一贴"精神药方"。其中,"茱萸"故事在坊间口口相传。现摘录主要情节如下:

  茱萸,最早称为"吴萸",后来又称为"吴朱萸"或"吴茱萸"。提起茱萸,人们往往认为它是重阳节登高思念亲人的信物。唐代诗人王维有名句:"遥知兄弟登高处,插遍茱萸少一人。"其实,早在春秋时期,茱萸就被用作中草药。其性温,具有止痛的特殊疗效,中医用来治疗厥阴头痛、阳明呕逆、少阴下痢,一药可以治三病。《中国药物大辞典》记载:"本品南北皆可,入药以吴地为佳,故名。"

  关于"吴萸",民间流传着一个动人故事。春秋时期,吴国曾经隶属于楚国。当时,弱小的吴国每年都要向楚国进贡礼品。有一年,吴国使者向楚国进献本国的特产,一种名叫"吴萸"的草药。在各国进献的金银珍宝中,区区一束草药显得格格不入。楚王以为吴国在戏弄自己,非常生气,就下令驱逐使者。尽管吴国使者再三解释,也无济于事。离开宫廷后,他对楚国一位姓朱的大夫解释:"吴萸"是吴国特有的名药,对治疗胃痛和呕吐具有明显的疗效,因为知道楚王有胃痛的风疾,才特意带来进贡的。朱大夫听说后安慰吴国使者,送他回国,并且把药材收下妥善保管。过了一年,楚王因为感受风寒,胃痛的旧病复发。当时,楚王胃痛如绞,呕吐不止,浑身冷汗直冒,痛得昏厥过去,满朝文武百官和御医对此束手无策。这时,朱大夫把"吴萸"煎汤,献给楚王服用,很快,胃痛就止住了。楚王十分高兴,询问是什么神药,朱大夫就将去年吴国进贡草药的事情讲了一遍,楚王听了非常惭愧。他一边重奖朱大夫,一边派人带上重礼向吴王道歉。过后,楚王下令在全国遍植"吴萸"。从此,楚国百姓摆脱了胃痛腹泻的痛苦。楚国百姓为了感恩朱大夫,就在中草药"吴萸"的中间加上一个"朱"字,称为"吴朱萸",后来又改称为"吴茱萸"。最后,简称"茱萸"。

唐代,鉴真和尚东渡日本传授佛学,把茱萸等礼物带到了日本。此后,日本也开始种植茱萸,但由于地理原因,质量远不如吴地的好。元代,意大利著名旅行家马可·波罗又把茱萸带到了欧洲。他在《马可·波罗游记》一书中写到了不少在吴地出产的中草药,以及吴地高明的医生。如今,茱萸作为一种中草药还在临床上广泛使用,为广大病人解除痛苦。

三落三起再奋进　军民一家鱼水情

民国二十六年(1937年)7月7日,日本侵略军挑起事端,发生"卢沟桥事变",抗日战争全面爆发。同年十一月,苏州沦陷。雷允上药铺对日军的暴行早有预感。为了避免人员和财产损失,药铺当机立断:停止营业、遣散员工,对员工发放避难费。经理雷学嘉携家族移居上海。药铺由员工宋秋圃、阮鉴平留守。宋、阮二人把来不及转移的细料药材和现金两千余元,仔细包装后,分别放在装药材的陶瓮中,隐藏在底部的石灰层下,既可以防潮又能防盗。最后,又把陶瓮藏在地窖内。第二年,社会秩序逐渐稳定,雷允上诵芬堂开始复业。外出避难的员工陆续返回药铺,雷文安等族人也回药铺料理业务。仔细检查后发现,尽管所藏现金已不翼而飞,但麝香等珍贵细料有幸安然无恙。这样,药铺仍旧能正常运营。但好景不长,厄运再次降临:日军一连串的迫害接踵而来。日军驻苏州司令官福田仁一等人将阊门内下塘街的几座花园洋房(今阊门饭店)占为己有。这些侵略者为了方便开车出入,强行将弄堂内的民房无偿拆除。接着,又把下塘河对面的诵芬堂药铺二层楼老屋拆除,改建为木桥通行。

上海的雷允上药铺也因为战乱发生变化。民国二十六年(1937年),"八一三"淞沪抗战时,诵芬堂北号由于身处苏州河北岸,属于日军势力范围。为了确保药铺员工人身安全和财产安全,北号暂时停止营业,大部分员工携带贵重药品转移至南京西路避难。不久,在上海静安区南京西路开设北号支店。当年年底,"雷允上诵芬堂北号"恢复营业。这样,雷允上诵芬堂药铺共有四家:苏州西中市的诵芬堂为总店,上海的诵芬堂有南号、北号、北号支店(后改名为西号)三家。太平洋战争爆发前,上海的分店由于地处租界内,损失比苏州总店小一些。

民国三十一年(1942年),设在苏州的日伪江苏省经济局无事生非,以凭空捏造的"诵芬堂抬高药价"为理由,勒令雷允上药铺停业,其实,是趁机勒索钱财。雪上加霜的是,药铺又遭遇药材货源中断的危机。当时,药铺进货依靠从云南、贵州、四川、陕西等地邮购。由于日伪军沿路设卡搜查,导致邮路常常中断。此外,药铺靠近阊门也遭受池鱼之殃。当时,日军在阊门城门口设岗,强迫来往的市民鞠躬,并且动辄搜身打人。如此,行人和郊外农民都不愿或不敢进出城门。以上种种原因,导致诵芬堂药铺营业额大幅下降。再加上当时物价飞涨,雷氏族人更是苦不堪言。这是雷氏家族事业的第三次衰落。

抗日战争胜利后,国民党军队又发动了内战。雷允上的营业状况虽然有所好转,但起色不大。当时,除了城门敞开不再设岗外,货源缺乏、邮路中断、物价飞涨等危机依然存在。为了雷氏家族的长远利益,为了诵芬堂药铺的百年大计,雷氏族人不怕家丑外扬,考虑再三后痛下决心,终于做出了"壮士断腕"的正确举措:罢免苏沪两地的经理。苏州沦陷前,诵芬堂经理雷学嘉去上海避难,对药店经营不闻不问。店内的事务全由员工维持,对外事务则由苏州市药业职工会派人来管理。如此,不但药铺员工不满,也激起雷氏族人的愤恨。最终,雷学嘉丢掉了经理职位。与此同时,上海雷允上诵芬堂的经理雷学乐也因为玩忽职守、谋取个人私利等原因遭到雷氏族人的强烈反对。以雷传钰、雷传湛为代表的族人联名将他告上法庭。经过法庭审理,被告败诉被判刑。当然,瑕不掩瑜,诵芬堂药铺的正面形象不容否定。经过整顿,加上时局逐渐好转,摆脱逆境困扰的诵芬堂又恢复了蓬勃生机。至中华人民共和国成立前夕,雷允上药铺仍然是苏州国药业的巨擘。无论是苏州的总店,还是上海的分店,其营业额在当地药铺中均名列前茅。

鲜为人知的是,雷允上药铺还为抗日战争和解放战争做出了一定的贡献。提起常熟的沙家浜,许多人并不陌生。抗战时期,新四军的18个伤病员来到常熟横泾乡(现改名为沙家浜),隐蔽在芦苇荡中养伤。根据这一真实故事改编的现代京剧《沙家浜》塑造了郭建光、阿庆嫂、沙奶奶、刁德一、胡传魁等栩栩如生的人物形象。当时,一批伤病员由于缺医少药,病情有所恶化。有的人受枪伤导致伤口流脓。打听到雷允上的六神丸治疗枪伤有奇效,新四军就派通讯员携款前往购买。一路上,通讯员冲破层层封锁来到苏州雷允上药铺。药铺经理得知原因后热情接待,并且吩咐员工做好保密工作,不许对外透露消息。因为六神丸等药品的需要量比较大,通讯员没有带足钱款,就与药铺商量要求写欠条。经理摇摇手,催促通讯员赶紧离开。据了解此事的沙家浜(原横泾乡)拥军模范钱芬老人回忆,那个前来买药的新四军通讯员曾经当过陈毅的通讯员。

民国三十六年(1947年),共产党领导的人民解放军在战场上不断取得胜利,国民党政府摇摇欲坠开始走下坡路。当时,作为"中共地下党员"的惠志方和方敬儒通过组织关系与雷允上取得联系,将药铺作为秘密联络站。中共地下组织以采购药材为名,常常在此召开秘密会议,配合人民解放军开展地下工作。借此良机,惠志方和方敬儒暗中对药铺员工进行形势教育,全店员工深明大义积极配合。有一次,国民党宪兵突然前来搜查。站在门口放哨的员工赶紧发出约定俗成的暗号。惠志方和方敬儒听见暗号后,立即打开暗室后门,解开泊在河边的小船安全转移。

值得颂扬的雷允上药铺,在战争年代谱写了一曲曲感人的拥军佳话。

晚年徜徉山水间　允上探梅留佳作

多才多艺的雷允上,不但精通岐黄之术,会操琴吹笛,还是一位善于吟诗写诗的儒商。据《雷允上墓志》记载:"盖肆力于诗古文,有自订《琴韵楼稿》藏于家。"其中,有八首珍贵的"探梅诗",这八首诗鲜为人知,已由雷氏后人捐赠给雷允上药业集团保存。

苏州近郊的光福风景区,为太湖风景名胜区的13个景区之一。境内自然风光和人文胜迹交相辉映。其中的邓尉山"香雪海"景点,以"邓尉梅花甲天下"著称,为我国四大传统赏梅胜地之一。每年开春时节,各地游客便纷至沓来探梅赏梅。历代文人墨客对此更情有独钟。游览之余,留下了诸多脍炙人口的咏梅诗词和游记散文。

雷允上所写的八首"探梅诗",有关史料虽没有记载却弥足珍贵。诗作别具一格,不矫揉造作、无病呻吟,是自然感情的真实流露。在内容上,贴近现实生活,通俗易懂,雅俗共赏;在形式上,讲究对称,颇具文采。每首四句,每句七字,句末押韵,读来朗朗上口。其创作年代尽管没有标注,但根据诗歌本身提供的信息,以及其他资料的旁证,足以确定为作者晚年所写,依据在于:在《雷允上墓志》中,有"晚年徜徉山水"的表述;八首诗歌中,有两处点明了"晚年"背景;第一首中,出现"策杖抬朋邓尉间"之句;第五首中,出现"感我衰颜鬓似霜"之句。人到晚年的雷允上,因为长期工作劳累而身体欠佳,于是,在处理完繁忙事务之后,放松心情到邓尉山香雪海探梅。游览之余,心潮澎湃,吟诵出充满感情的探梅诗。现将八首探梅诗抄录如下,并略做赏析。

探梅诗之一:

策杖抬朋邓尉间,岭梅芳信破春寒。

山房梦断三更月,香透窗棂待晚看。

简析:该诗写于早梅初绽时节。作者与好友结伴,迫不及待前来探梅。"抬朋"二字,不能理解为"抬着朋友",而是与朋友一起乘坐"抬轿"(山轿)赏梅。白天余兴未尽,晚上留宿在山房继续隔窗赏景。

探梅诗之二:

侵晓观梅兴欲狂,青霜不怕点衣裳。

春寒处处春醪熟,渡涧穿林数举觞。

简析:醪,纯酒。觞,酒杯。作者痴迷于探梅而"狂",不顾春寒,一大早就赶到邓尉探梅,不顾青霜沾衣,跨涧穿林,尽情游览。举杯饮酒,醉入花丛,不亦乐乎。

探梅诗之三:

茶山雪海总梅窝,一片瑶光接太湖。

华气袭人天乍暖,隔林好鸟递相呼。

简析:该诗气势磅礴,先写近景"梅窝",接着放眼遥望写远景,尽赏水天一色的太湖。诗中不但有静态描写,还有鸟儿参与的动态描绘,让作者不但在视觉上,而且在听觉上也得到美的享受。

探梅诗之四:

早看月吐断崖东,月色华光一样同。

消受清寒忘夜永,行吟不觉月当空。

简析:该诗时空转移,与众不同,专写夜赏邓尉月色美景的感受。作者兴致勃勃,不顾夜寒水冷,边走边吟,流连忘返。"月吐"二字化静为动,堪称神来之笔。

探梅诗之五：

> 梅开梅落逐时光,感我衰颜鬓似霜。
> 有意看梅还索句,我生能得几时长。

简析：该诗抒发"人生苦短"的感慨。"梅开梅落"是不可抗拒的自然规律,作者因而触景生情,联想起人生,颇具曹操《短歌行》中"人生几何"的意蕴。

探梅诗之六：

> 镇日观梅兴未阑,跻攀直上白云端。
> 欲将藻荐邅仙墓,玉笛横吹一夜残。

简析：作者探梅兴致很高,不顾年老体弱攀登至山顶,可谓"烈士暮年,壮心不已"。但"邅仙墓""一夜残",又流露出无可奈何、时光易逝的悲叹。"玉笛横吹"表明作者还精通乐器,颇具音乐细胞。

探梅诗之七：

> 梅华杰阁倚危峰,遍绕华光万顷田。
> 幸得大观来绝顶,梦中犹到蕊珠宫。

简析：该诗描写作者登顶邓尉山后,俯瞰山下的胜景。"杰阁",这里指坐落在邓尉山柴庄岭下的圣恩寺。该寺始建于唐代天宝年间,为闻名东南的大丛林,向有"三龙三凤,胜绝天下"的美誉。明代全盛时期,寺庙拥有各类建筑多达5048间。"杰阁倚危峰"一句,形象地描绘出圣恩寺傍崖而筑、错落有致的布局。梅花掩映的杰阁,使作者发出"梦中犹到蕊珠宫"的感叹。

探梅诗之八：

> 东风袅袅春将半,吹落残英玉作堆。
> 今夜月明孤棹返,令人难放手中杯。

简析：该诗描写作者在暮春时节,独自划船而来,赏花赏月。看到地上吹落的残花,作者触景生情,感叹不已,只能借酒浇愁。全诗有两个韵脚。

第二章

辉煌篇

——百年老店创新史

本章叙述百年老店雷允上发展史上的第二个主要阶段：中华人民共和国成立至 2016 年,共 67 年。迎来新生再崛起、公私合营建药厂、华丽转身大发展、连锁经营领风骚、医药一体国医馆、制作技艺成遗产,每个发展阶段都有熠熠生辉的篇章。

迎来新生再崛起　抗美援朝表真情

1949 年中华人民共和国成立,雷允上迎来了新生。历史机遇又一次向雷允上招手,中药行业得到党和政府的大力支持。1950 年,包括雷允上在内的国药铺共有 84 户。当时,政府发还了抗战前雷允上存入银行的存款 2.5 万元。利用这笔来之不易的资金,雷允上又开始了自身的发展。据 1951 年《苏南苏州分区土特产介绍》记载,1950 年,诵芬堂药铺出产的药品参加苏南苏州分区土特产展览会。其中,12 种热门药品畅销外地乃至海外,被誉为"金陵十二钗",它们是：

六神丸 30 万盒,销往国内外；

行军散 8 万瓶,销往华南、华东地区；

红灵丹 18000 瓶,销往华南、华东地区；

辟瘟丹 45000 块,销往华南、华东地区；

紫金锭 80000 条,销往华南、华东地区；

痧药丸 2500 两,销往国内各地；

卧龙丹 20000 瓶,销往华东地区；

纯阳正气丸 50000 两,销往华东地区；

万应午时茶 30000 块,销往华东地区；

人造再生丸 60000 粒,销往华东地区；

小儿回春丹 10000 粒,销往华东地区；

万应膏 14000 张,销往苏南地区。

当时,为了更好地发展,雷氏族人对诵芬堂的管理工作进行了必要的人事调整：药铺由雷学栋、雷传浩接管,任命雷学熙、雷学樊为正副经理,雷传泳为协理。不久,两位正副经理辞职,雷传泳接任经理,直至 1955 年年底。1952 年,雷氏家族瞄准商机,在中国香港创办诵芬堂药业公司。发展至今,该公司仍由雷氏"绮三房"后人掌握,成为一家颇具规模的民营药业公司。当时,上海诵芬堂共有资金 768904 元,以雷传钰为最大股东。苏州诵芬堂的股东众多,有"传字辈"的雷传湛、雷传泳、雷传钰,"学字辈"的雷学栋,"家字辈"的雷家鳌、雷家和等 20 余人。

1953 年,雷允上生产的各类药品产量继续大幅度提高。其中,"九芝图"商标的六神丸年产量创历史新高。当时,外埠同业不断来苏州批发六神丸,外地顾客也纷纷来函要求购买。其经营范围,北至东三省的哈尔滨、佳木斯、长春、沈阳、鞍山以及内蒙古等省市;南至云南、贵州、广东、广西等省(自治区);其他还有四川、甘肃、陕西等省。经销者不仅有大中城市的同业药铺,还有不少乡镇小店直接来函要货。境外的销售,除了原来的客户前来订购,还委托若干"茶行"为特约经销处,如中国香港的唐拾义茶行、新加坡的永安祥茶行、缅甸的张裕泰茶行。为了防止假冒,雷允上还在新加坡、马六甲、婆罗洲、缅甸等地申请了"九芝图"商标,从而合法注册。

后来,经雷氏族人和合伙人同意,雷允上药铺又进行改组,设立"雷允上诵芬堂国药股份有限公司"。总公司设在上海人民路(原南号地址),第一分公司设在上海河南北路(原北号地址),第二分公司设在上海南京西路(原北号支店地址),苏州分公司设在苏州阊门西中市(原老店地址)。苏州雷允上胶厂设在天库前 34 号。雷传湛为整个公司的总经理。为了扩大生产规模和能力,雷允上逐渐引进机械设备代替手工操作,添置的设备主要有榔头粉碎机、轧片机、球磨机、研磨机等。使用先进的机械设备,雷允上不但开苏州中药行业先河,在全省范围内也处于领先地位,这为以后创办中成药厂奠定了坚实的基础。20 世纪四五十年代传承的"代客煎药"服务项目与时俱进,传统的人工煎药也改为使用先进的煎药机煎药。如此,不但提高了煎药效率,也更加方便卫生,从而受到广大顾客欢迎。

更值得一提的是,雷允上在抗日战争和解放战争时期谱写了拥军佳话后,在中华人民共和国成立之初又继承了这一优良传统。抗美援朝战争爆发,中国人民志愿军雄赳赳气昂昂跨过鸭绿江。在彭德怀司令员的指挥下,志愿军与朝鲜人民军并肩作战,共同打击美国侵略军。当时的新中国百废待兴、财力不足,还非常贫穷。正在战场上浴血奋战的志愿军战士急需补充大批军事物资和粮食。党中央和人民政府通过发行公债等形式,号召全国人民团结起来,以实际行动支援抗美援朝战争。"天下兴亡,匹夫有责",顾炎武的爱国名言激励了全国百姓。苏州和上海的雷允上药铺得知这一消息后积极响应。当时,由上海雷允上药铺雷传湛负责,苏州和上海各药铺的股东和雷氏族人购买了一批包括大米和面粉在内的粮食,无偿捐赠给志愿军。对雷允上药铺无私奉献的爱国行为,苏州市人民政府和上海市人民政府都予以表彰,有关报纸也进行了报道。

公私合营建药厂 扩大规模添设备

1956年1月,全国各地响应中央人民政府号召,对私营工商业实行社会主义改造。苏州的中药行业归口药材公司,全市国药铺撤并为雷允上等20个,实行全行业公私合营。当年年初,上海雷允上和苏州雷允上先后实行公私合营,完成资产重组。如此,历史名牌得以完好保存,六神丸等著名中成药均纳入国家收购计划。1956年,雷氏家人捐献六神丸秘方给国家。同年9月26日,卫生部发布《关于中药秘方制造保密的几项内部掌握原则的通知》(〔56〕卫药漆字第801号)文件,将六神丸列入保密制造范围。

1958年6月24日,在苏州市医药公司指导和管辖下,成立以雷允上为首的"苏州中成药联合制药厂",下设雷允上制药厂、沐泰山制药厂(原沐泰山堂)和王鸿翥制药厂(原王鸿翥堂),实行统一领导和管理。雷允上制药厂专门生产丸、散、膏、丹、露等中成药。同年12月,通和坊沈氏的仁寿天、天官坊沈氏的仁寿天、王上仙、王诚信、胡氏鹅掌风药室、陈氏药局等祖传成方小肆一起并入雷允上制药厂。药厂地址在天库前,以48间立贴式砖木结构房屋为车间,生产各类中成药。1972年至1974年,车间落地翻建为四层的混合结构楼房。楼房设备负载和声音震动都不大,楼面采用预制混凝土多孔楼板,以水磨石贴面。工厂建筑面积3829平方米(1982年增至1.22万平方米)。

1959年,苏州市卫生局根据上级指示精神,做出"为保持各店历史传统,发扬特色,恢复一面生产国药,一面销售国药"的指示。10月,雷允上制药厂实行"厂店合一"形式,各药店设立专门的账册,经营单独核算。雷允上制药厂名称不变。当时,制药厂拥有生产厂房45间,晒场一块约

1 亩。工厂生产六神丸、行军散、玉枢丹、红灵丹、痧药蟾酥丸等几十只品种的中成药,并且承担部分医院和诊所的中成药加工任务。使用的生产设备也有所增加,主要有：40只榔头粉碎机一台、24吋石磨机一台、担式球磨机两台、万能粉碎机一台、花篮式轧片机一台、圆筒式颗粒机一台、双锤研磨机一台、转盘刨片机一台、木槽式切片机一台、筛丸机一台、糖衣机一台、轧碎机一台、刨丝机一台、电热丝鼓风设备全套,以及专门的胶锅灶等工具设备。

1960年,雷允上制药厂建立了中药药品鉴定室,其实就是后来设立的检验科。药品生产出来后由检验人员把关,从而防止不合格产品外流。1962年,雷允上制药厂又扩大生产规模,建起了两幢生产车间,计500余平方米。工厂不但引进技术人员,还发动广大职工开展技术革新,群策群力,试制成功搅拌机、滚筒泛丸机等机械设备,全厂机械化程度达到60%左右。如此,不但减轻了工人的劳动强度,还大大提高了生产效率。1966年,全厂工业产值达280万元。当年,雷允上成功转制,成为全民所有制企业。

1966年"文化大革命"来临,"破旧立新"泛滥成灾,改地名改厂名改人名成为时髦。雷允上制药厂改名为苏州中药厂。久负盛名的"九芝图"六神丸,因为"六神"宣扬封建迷信思想,与马列主义"无神论"格格不入,也改名为不伦不类的"咽喉丸"。其他被改名的丸散等药品多达51种。1969年,包括"童葆春"药铺在内的三家药店工场一起并入苏州中药厂。中药厂设在西中市499号,当年职工200人。整个"文化大革命"时期,企业的正常生产受到严重干扰和影响。

1976年10月6日,党中央粉碎"四人帮"篡党夺权的阴谋,社会秩序走上正轨。苏州中药行业焕发了勃勃生机。雷允上制药厂也迎来了春天。1977年,企业建成先进的浓缩合成车间,大楼4层共2376平方米。车间内设煮提、浓缩、药酒、糖浆、合成牛黄等生产部门,实现了中药生产管道化流水作业。适应形势需要拨乱反正,医药生产归口统一管理,1978年12月31日,苏州中药厂恢复苏州雷允上制药厂厂名,"咽喉丸"等产品也恢复原名。1978年,药厂发动技术人员攻关,革新成功了"中药材密封粉碎机组"。该机组从药材进料、给料、粉碎、分离、拌混一直到出料,初步实现了机械化连续生产。这样,不但提高了生产效率,还达到了药品生产的保洁要求。喜讯传开,该项目受到国家医药部门的高度重视。同年9月,全国中药材密封粉碎现场交流会在苏州顺利召开。会议认为:这套设备具有分级范围广、操作方便、运行可靠、清机容易等特点。该项目由于提高了产量和质量,有效改善了劳动环境,经有关专家评定,荣获江苏省科技奖。

华丽转身大发展　药业公司成航母

党的十一届三中全会以来,雷允上制药厂焕发了蓬勃生机。传统名牌产品六神丸严格按照传统工艺秘方配置生产,牢牢把握"三个关":原料选用关、加工制造关、成品包装关,产品达到抽检批批全优。1979年,在全国第一次质量月中,六神丸荣获国家质量金奖

图7　1979年六神丸获得金奖证书

(见图7)。之后,又两次蝉联国家质量金奖。

1980年5月,苏州中药二厂、苏州中药饮片厂并入苏州雷允上制药厂,实行"两块牌子、一套班子"的管理模式。苏州雷允上制药厂为全民所有制企业,苏州中药饮片厂为集体所有制企业,其经济运营单独核算。1981年,为了扩大生产规模,企业对老厂实施就地改造,调整了生产布局,新建了厂区内的主要交通干道,栽花植树错落有致,块块绿地点缀其间。当年7月,消炎解毒丸生产大楼竣工。大楼为钢筋混凝土结构,共4层,高达16米,成为企业的地标建筑。大楼内部分设原药准备、细料丸散、片剂、干燥、包装共5个生产部门。各个部门都配备净化、保温、通风、降温等设施。当年,企业整顿后经验收合格,被列为全国56家重点中药厂之一。

为了更好地挖掘和传承丰厚的中医药遗产,企业在原来厂科研组的基础上成立了中成药研究室。颇具规模的研究室,技术力量雄厚,聘请苏州有名的老中医师和老药工为顾问。在研究室的策划下,工程技术人员

和经验丰富的工人齐心协力,开发研制生产出一批新药。"消炎解毒丸"就是其中的佼佼者,在广大消费者中信誉很高。1981年,"消炎解毒丸"获国家医药管理总局优秀产品奖;1983年,在全国第六次质量月中荣获国家银奖。由于经济效益显著,1983年8月,雷允上制药厂受到国家经委的通报表扬。

为了适应中成药生产发展的需要,提高中药饮片质量,扩大成药前处理能力,1985年,企业又申请用地,在新区滨河路(枫桥以南、京杭大运河西侧)建立前处理综合车间。车间占地11735平方米,建筑面积4345平方米。投产后,微丸逐步形成系列产品,企业在浓缩汤剂和冲服汤剂方面也形成一定的生产能力。其他产品如散剂、大丸蜜制剂、膏滋药制剂、中药食片等的产量得以大幅度提高。截至1985年,雷允上制药厂共有职工562人,全厂占地面积13227平方米,建筑面积17075平方米。全厂分设饮片车间、丸片剂车间、糖膏酒车间、微丸和散剂车间,以及机修车间。经江苏省卫生厅药政管理局批准,可生产202种中成药。生产设备共有:包括变压器在内的全套电气装置,包括轧片机、颗粒机、混合机、泛丸锅在内的制药设备123台,各类金属切削机床和电焊机9台。此外,还有用于药物化验和药品检验的气相色谱仪、光电比色计等仪器和设备。

1986年至1995年,企业又荣获多项殊荣,主要有:1986年、1991年,大活络丹荣获省优质产品证书;1987年,人参再造丸荣获原国家医药管理局优质产品奖;1988年,消炎解毒丸又蝉联国家质量银奖;1988年,国家级抗衰老保健新药"健延龄"胶囊(与中国国际信托投资公司合作开发)荣获国家体委运动营养银奖、全国首届中成药"健康杯"银奖、全国旅游商品金奖;1989年,雷允上制药厂被评为江苏省先进企业;1990年,雷允上制药厂被评为国家二级企业,主要生产12个剂型共94个品种的中成药产品;1991年,六神丸荣获传统药长城国际金奖;1991年,治疗心脏病的"灵宝护心丹"荣获江苏省新产品金牛奖;1991年,儿科药"羚珠散"荣获全国儿童用品金鹿奖、江苏省新产品金牛奖;1995年,雷允上荣获"中华老字号"企业称号,由国务院内贸部公布。雷允上闻名遐迩,外地多家制药厂都前来取经。唐山市的一家制药厂戏称:"我们是'唐僧'(唐山的学生)到'东天'取经。"

1995年11月,苏州市医药集团有限公司重组,公司以雷允上为核心企业,以药材采购供应站和王鸿翥、沐泰山、童葆春等药店为紧密层企业,联合组建苏州雷允上药业集团公司,实行工商一体化,集团性质为全民与集体联营企业。由集团公司所属 50 余家中药店组成雷允上国药连锁总店,所属中药店增挂雷允上连锁店牌号。其中,不少连锁店都是百年老店,有些还是"中华老字号企业"(详见"连锁经营领风骚 八仙过海显神通")。

  公司不但注重企业的生产建设,也相当重视企业的精神文明建设。1996 年 4 月 1 日,企业创刊了一份内部简报——《雷药集团》。创刊号上,有言简意赅的创刊词,有鞭辟入里的领导寄语,有弘扬企业精神的主题词。简报每月一期,电脑打印。图文并茂的简报,栏目争奇斗艳,内容丰富多彩,给广大职工提供了一份美味的精神食粮。如今,简报已作为档案收藏在苏州市工商档案管理中心。

  1997 年,中国远大集团公司出资 6029 万元,苏州市医药集团有限公司出资 3690 万元(以所属雷允上药业集团公司和雷允上国药连锁总店的净资产出资),联合组建雷允上(苏州)药业有限公司。1998 年至 1999 年,双方又共同出资,收购常熟市制药厂。组建后的雷允上药业公司,如同一艘实力显赫的航空母舰,不断取得新的业绩,创造新的纪录,攀登新的高度。2003 年年底,获国家"双高一优项目"的雷允上新厂建成投产,并于次年通过原国家食品药品监督管理局 GMP 认证。2008 年 6 月,雷允上六神丸制作技艺(中医传统制剂方法)入选国家级非物质文化遗产名录。名录由中华人民共和国国务院公布,文化部颁发荣誉证书。2009 年 4 月,文化部公布第三批国家级非物质文化遗产项目代表性传承人名录,李英杰入选"雷允上六神丸制作技艺(中医传统制剂方法)"代表性传承人。2008 年年底,由中国远大集团、苏州创元集团和雷允上药业有限公司三方签订协议,启动雷允上的上市工作。2010 年,中国邮政集团公司发行特种邮票《中医药堂》,全套四枚,雷允上药堂跻身其间。2010 年,雷允上药业公司荣获"中华老字号企业"称号,称号由中华人民共和国商务部授予。2012 年,雷允上荣获"中国驰名商标"称号,荣誉证书由国家工商行政管理总局颁发。2013 年 6 月,雷允上膏方制作技艺(传统中医膏方制作技艺)入选苏州市非物质文化遗产名录,名录由苏州市人民政府公布,苏州市文化广电新闻出版局颁发荣誉证书。2013 年 8 月,苏州雷允上国药连锁总店被评为"2013年中国药品零售企业竞争力百强企业"。2013年9月,常熟市雷允上"抗肿瘤新药天佛参口服液应用及产业化"项目成功入选2013年国家火炬计划项目名录,名录由科技部火炬高技术产业开发中心公布。2013年11月8日,雷允上在苏州古胥门重现中医坐堂(见图8),开设吴门国医药馆。国医药馆建筑面积2300平方米,集医疗、养生、保健、中医文化展示于一体。2014年1月,苏州市经济和信息化委员会公布,雷允上荣获2013年度"苏州十大自主品牌"称号。2014年6月,雷允上膏方制作技艺(传统中医膏方制作技艺)代表性传承人金竹良入选第四批苏州市非物质文化遗产项目代表性传承人名录,名录由苏州市文化广电新闻出版局公布;天佛参口服液列入"江苏省名牌产品"名录,名录由江苏省名牌战略推进委员会公布。2014年10月,常熟市雷允上"抗肿瘤新药天佛参口服液应用及产业化"项目成功入选2014年国家火炬计划项目。2015年,雷允上膏方制作技艺(传统中医膏方制作技艺)入选江苏省非物质文化遗产名录;雷允上药业有限公司入选首批"江苏老字号"企业名录。同年10月,经中华老字号协会专家评审委员会审核,雷允上药业有限公司荣获"中华老字号传承创新先进单位"称号。

图8 中医坐堂

目前,雷允上药业有限公司的生产基地已经从高新区的滨河路搬迁至高新区横山路86号。(见图9)占地近百亩的新厂区宽敞整洁,纵横交错的干道之间错落块块绿地,配置玻璃橱窗的宣传栏图文并茂。一块块

图9 雷允上药业有限公司门景

展示板,一份份荣誉证书,彰显了雷允上取得的骄人业绩。现代化的车间大楼,各类机械设备摆放整齐。从制药到包装,实行一条龙的净化操作。雷允上生产的六神丸、健延龄胶囊、珍菊降压片、六味地黄丸(浓缩)、乌鸡白凤丸等一系列中成药受到市场广泛欢迎。

2015年12月12日,"传承健康智慧,复兴中国医药——吴门医派高峰论坛暨雷允上首届中国医药文化节"在苏州太湖国际会议中心隆重召开。论坛上,我国中医药行业专家就中医药的发展与创新、学术流派的形成以及中医药学术的传承等话题进行了专题研讨。大家一致认为,雷允上药业有限公司在中医药传承方面起到了举足轻重的作用。开幕式上,雷允上(雷大升)铜像隆重揭幕,雷氏后人捐赠有关诵芬堂药铺资料的活动也同时举行。如今,雷允上铜像已经安放在吴门国医药馆内,供广大顾客和游客瞻仰。

医药一体国医馆 别具一格博物馆

雷允上药业有限公司隶属中国远大集团,是国内中药产业的领军企业,其影响深远辐射全国。为了"做大、做强、做优"中医药产业,雷允上决定设立吴门国医药馆,恢复历史悠久的中医坐堂传统。2013年11月8日,吴门国医药馆正式开业。中国远大集团总裁胡凯军对国医馆开馆表示衷心祝贺。广大本地和外地市民闻讯后纷纷前来,一睹开馆的盛况,体验中医看病一条龙服务的便捷。

作为"吴门医派"和"温病学派"的一个传承窗口,作为国家级非物质文化遗产的一个传承基地,吴门国医药馆的诞生标志着"雷允上"老字号品牌发展的持续深入,以及品牌内涵的不断充实和提升。吴门国医药馆集"名医名药和名馆"于一体,它是一座别具一格的中医院,资深中医医师坐堂,为病人实行"就诊、开方、配药"的一条龙服务。它是一座传承文脉的国药店,重现百年老药铺传统,充分发挥雷允上的制药工艺优势,以地道药材和优质国药为支撑,为顾客提供各类精制饮片和名贵中药。它是一座中医药博物馆,特意辟出的博物馆展区以丰富多彩的图片和文字、栩栩如生的模型以及弥足珍贵的实物资料展示了吴门中医药的悠久发展史。爱我中医,这也是一座对广大百姓进行爱国主义教育的教育基地。

图10　雷允上国医馆

吴门国医药馆简称"国医馆",位于古城胥门景区吉庆街190号。(见图10)历史悠久的"银胥门"地区,历来人文荟萃,具有深厚的文化底蕴。这里环境幽雅,临近学士街与学士河,与隔河相对的古胥门城墙城楼相映成趣。早在宋代,这里就是药业兴盛的地标。当时,"学士街"称为"药市街",为药行聚集之地、药材中转重地。吴门国医药馆在这里择址开业,无疑是一个明智的选择。

现代化的国医馆大楼分为三层,建筑面积2300平方米。大楼朝西,立面错落有致。具有传统香山帮建筑特色的门厅古色古香。门厅配置六扇落地长窗,设"茶壶档"翻轩,四根垂莲柱两两相对,门楣下透雕瑞草图案,镶嵌精美的挂落,黑底白字的匾额题写"吴门国医药馆"六个字。粉墙黛瓦的山墙上镶嵌两幅砖雕佳作:一幅为长方形砖壁,题"雷允上"三个大字,方框四角浮雕祥云图;另一幅为圆形砖壁,镌刻"松鹤常青"传统图案,讨吉利口彩。

　　大楼底层为药品展示销售部。地面铺砌大方块地砖,光亮整洁。迎面为一尊雷允上全身立像,青铜材质,具有一种古朴雅致的厚重感。但见慈眉善目的雷允上,右手放在身后,左手持一本医书,双眼炯炯有神,似乎在招呼病家前来。铜像一侧设置书卷式说明牌,扼要介绍雷允上的生平。铜像后面悬挂一副对联,为黑底金字行书楹联,联曰:"精选道地药材允执其信;虔修丸丹膏散上品为荣。"对联运用嵌字法,把"允上"二字巧妙嵌入其中。该联是雷允上药业公司的主题联,在雷允上的多个连锁药店内也可以看见。(见图11)

图11　雷允上铜像

　　对联后面的东墙上镶嵌一幅规模恢宏的浮雕壁画,名"历代中医药名医群英会"。壁画再现了我国从古至今的十位名医的风采,栩栩如生。每位名医和他撰写的医书组成一个场景,各个场景之间错落有致,并且有机相连。他们分别是:神农和《神农本草经》、扁鹊和《难经》、华佗和《中藏经》、张仲景和《伤寒杂病论》、葛洪和《对后备急方》、孙思邈和《千金方》、钱乙和《小儿药澄直诀》、李时珍和《本草纲目》、叶天士和《温热

图12 雷大升和《金匮辨证》壁画

论》、雷大升(雷允上)和《金匮辨证》(见图12)。整幅浮雕图上还配置错落有致的背景图要素,有体现苏州建筑特色的石拱桥和牌楼,有体现自然风光的松树和梅花鹿,还有体现中医特色的雷允上药铺、制药的药船等工具。顾客来到壁画前,可以穿越时光隧道,与古代名医进行心灵交流。

药品展示销售部根据药品种类划分成几个不同展区。摆放在玻璃橱和玻璃柜中的各类药品琳琅满目,让人一目了然。其中,有珍贵的虫草、鹿茸、人参,有精选的三七、当归等饮片,当然,还有雷允上生产的各类中成药。除了久盛不衰的六神丸外,还有健延龄胶囊、灵芝孢子粉等新品。价廉物美的润喉糖、姜枣茶、三花清肝茶、疏肝明目茶、清肺化痰茶,都深受广大顾客欢迎。保温桶内,还常年免费供应热气腾腾的"和血暖身茶"。展区一角的"参茸加工坊",代客加工各类人参和鹿茸。

国医馆还别出心裁布置,在墙上悬挂各类题词。20世纪二三十年代,国民党政府的不少重量级政要纷纷挥毫为雷允上药铺题词。题词对雷允上诚实经商的作风、为社会造福的业绩予以充分肯定和褒奖。其中,蒋中正(蒋介石)题词"美媲韩康",张学良题词"利济疮痍",林森题词"神农遗泽",于右任题词"市圣韩康"。其他赞誉还有"蜚声中外""功深济世""仁心济世""杏林春暖"等,可谓不胜枚举。此外,苏州老字号协会也赠送了一块黑底金字匾,题"聚草泽民"。国医馆内的匾额、对联和题词,丰富多彩,令人目不暇接,汇聚成一个小型书法展览会。

宽敞整洁的二楼设置"中医坐堂门诊部",分为三个有机组成部分:中医诊室、中药配方区和中医药博物馆。中医诊室一排共9间,分为中医内科、中医妇科和中医儿科。诊室内悬挂着书法家写的养生格言。敞亮的空间,典雅的布置,少了几分嘈杂,多了几分从容。墙上张贴着"坐诊时间一览表"。30名坐堂医生的姓名、照片、资质以及就诊的科室名称也一一公布。他们都是苏州各家大医院的中医主治医师,有的还属于资深专家,具有丰富的临床经验。据介绍,中医名家龚正丰、何焕荣、宫志芳、张兰香等轮流在此坐堂,为病家"望闻问切"。在治疗常见病、慢性病、老年病、养生调理,以及现代医学难以攻克的疑难杂症方面,中医可以发挥独特的治疗作用。

病人前来就诊后,走出门诊室,在收费处交费后,就来到近在咫尺的中药配方区,坐在宽敞的不锈钢座椅上等候,听到叫号即可取药。古色古香的中药配方区传承老药铺格局,前面是一条长长的曲尺形柜台,后面靠墙摆放一排整齐的格斗橱(百眼橱)。格斗橱的抽屉内分门别类地存放着各类中药材。格斗橱上层的青花瓷瓶内摆放名贵中药。配药医生根据药方,熟练地为病人抓药,忙而不乱。

病人在等候取药时,可以顺便参观一下别具一格的"吴门中医药博物馆"。博物馆分为馆外和馆内两部分,面积虽然不大,内容却颇为丰富。馆外的门诊室外墙上悬挂配置玻璃框的国画长卷,介绍了传统中药制作过程和行医知识。画面内容分别为采药、运输、坐堂、出诊、行医、泛丸熬制、碾磨春捣、切制炮制、分档水洗、翻晒筛选、验收过秤和结算入库。另一侧墙上,悬挂着各类牌匾,其中六神丸、首乌丸、大活络丹、人参再造丸、羚珠散、玉枢散、诸葛行军散,七块金字招牌,七个镇馆之宝。此外,还有雷允上获得的各类荣誉铜牌,如中华老字号、中国驰名商标、国家级非物质文化遗产等。这些奖牌,见证了雷允上创造的一个又一个奇迹。

博物馆入口处,矗立着一尊雷大升全身塑像。馆内的玻璃展橱别具一格,其外形有的为长方形,有的为扇形。展橱上部配置玻璃,陈列有关展品;下部为封闭的橱柜,可以存放物品。各类展品以实物资料为主,令人大开眼界。线装本的《推背图》《本草从新》《急救应验良方》,都是堪称"老古董"的中医药古籍。计量的杆秤,除了大秤外,还有袖珍型的象牙杆琵琶秤。盛放药品的瓷瓶有方瓶和圆瓶,各具特色。瓶身上的落款,系雷允上药铺量身定做。穿山甲、幼鹿、豹头骨、牛角、沉香、灵芝等实物标本,都是珍贵的动植物中药材。一组栩栩如生的模型,分成采药、翻晒、筛选、分档、切制、研磨、春捣、熬制、泛丸等不同场景,再现了传统中药制药的全部过程。了解中医药文化知识,领略中医药文化经典,无论是前来看病的病人,还是前来参观的游客,都在精神上享受到一席视觉盛宴。

吴门国医药馆秉承中医药文化理念,开展丰富多彩的中医药服务项目,深受广大市民欢迎。平时,雷允上人不定期走出馆门,在姑苏区的主要社区以及观前街玄妙观广场、石路广场等闹市区开展一系列活动。比如,现场传授手工切片绝活,充分展示雷允上传统中药制作技艺;中医义诊,解答常见病防治知识,满足大众医疗需求和亚健康消费群体的需求;别具一格的中药鉴别活动很受顾客欢迎,不少人通过专家传授,掌握了一些中药的鉴定方法。药品打假,国医馆功不可没。国医馆还在馆内开设中医讲坛,不定期举办各类养生讲座,普及中医药理论,宣传食疗养生方法,为顾客提供各类中药煲汤、药饮等养生保健服务。如此,使中医中药养生文化融入每个家庭。

每年腊月初八,国医馆还举办"腊八节"活动,熬制腊八粥满足广大市民的需求。腊月初八原来为祭祀百神和祖先的日子,后来,演变为喝腊八粥的"腊八节"。其传说有两个主要版本。其一,纪念佛祖的成道日。相传释迦牟尼成佛前,曾经修苦行多年,饿得骨瘦如柴。这时,遇到一位牧羊女送给他乳糜。释迦牟尼食后恢复体力,端坐在菩提树下静思,于腊月初八成道。为了纪念佛祖成道,佛徒们熬制腊八粥施舍众人。清代李果《腊八粥》诗云:"腊月八日粥,传自梵王国。七宝美调和,五味香糁入。"其二,纪念朱元璋的苦难日。明太祖朱元璋家境贫寒,经常挨饿。有一次给地主家放牛时,他在老鼠洞中挖出一小堆米粒、干果、豆类等,于是,回家熬成粥填饱了肚子。当上皇帝后,他在腊月初八这一天忽然想起此事,于是,命令御厨熬制这种粥,让大臣们也"忆苦思甜"。后来传到民间,便有了腊八这一天烧"腊八粥"的习俗。

2016年1月7日,是农历的腊月初八。为感谢苏州百姓的支持和信任,国医馆开启岁末感恩回馈——腊八节免费派送公益活动,向市民赠送精心熬制的传统秘制腊八粥,祝福广大苏州市民新年红红火火、万事如意。据国医馆老药工黄师傅介绍,国医馆的腊八粥,完全按照雷允上的传统配方来组料,除了糯米、晚粳米、红枣、莲子等传统原料外,还特别添加了山药、薏苡仁、枸杞等中药材。与众不同的"药膳"腊八粥受到众多市民的青睐,前来排队领取者络绎不绝。国医馆的负责人表示:今后的每一个腊八节,苏州市民都可以免费品尝到雷允上的秘制腊八粥。感恩社会,热心公益,国医馆的慈善义举值得称颂。

连锁经营领风骚　八仙过海显神通

雷允上药业有限公司集生产和销售于一体,是国内工商一体化的大型国药企业。其所属的全资子公司——苏州雷允上国药连锁总店有限公司,堪称一支规模恢宏的"药店"联合舰队。总店经营各类质优价廉的中西药品5000余种,尤以中药饮片、膏滋药,以及人参、虫草、燕窝、鹿茸等名贵中药材最为驰名。如今,连锁总店旗下拥有门店50余家。其中,诵芬堂、沐泰山、王鸿翥、宁远堂和良利堂不但是"江苏老字号"企业,而且还是"中华老字号"企业;童葆春、同益生、天益生、潘资一和灵芝堂为"江苏老字号"企业。此外,还有众多的社区店和母婴用品便民店。这些林林总总的连锁店覆盖了整个苏城,成为国内少有的医药连锁零售企业。其中的主要名店有:

宁远堂

"宁(远堂)、沐(泰山)、雷(允上)、童(葆春)",为苏州传统中药行业四大名店。其中,宁远堂的历史最为悠久。它创建于明代崇祯十七年(1644年),至今已有370余年的历史。宁远堂的店主姓"成",是一位宁波药商。店名取自诸葛亮《诫子书》中的名言:"宁静以致远,淡泊以明志。"一个"宁"字二用,既表明自己不忘家乡,又阐明自己重义轻利、诚信经商的开店宗旨。

宁远堂的地址最初在苏州西郊的重镇木渎。这里商业繁华,水陆交通方便。此后,虽然经历多次改朝换代,但宁远堂因为地处郊外乡镇,得以代代相传而平安无事。然而,清代咸丰十年(1860年),一场动乱打破了宁远堂原来的宁静。太平军与清军交战,兵火不断。土匪和盗贼也趁机浑水摸鱼。惊恐中,成老板无奈抛弃药铺,携带全家逃至苏州山塘街躲避。等到社会秩序开始稳定,成老板才回到木渎探望。谁知,药铺已被当地的地痞流氓霸占。成老板评理不成,反而遭到一顿殴打。过后,别人指点了通关之路。于是,成老板违心去找当地的夏某。担任图董(我国农村旧时基层行政组织的半公职人员。清代在南方各省县以下设乡,乡以下设图,图设图董,总管一图事务)的夏某,说话算数有威信。依靠夏某的帮助,成老板才夺回自己的店铺。为防后患,同治三年(1864年),成老板把药铺迁往山塘街星桥堍。为了酬谢夏某的帮助,成老板将店铺资金分成十二股,其中四股半送给夏某。从此,每年股息和红利均依此比例分配。

宁远堂重新开张后,为了打开业务,门面装潢相当考究。"宁远堂道地药材""宁远堂丸散膏丹",两条冲天长挂分列店门两侧,十分醒目。此外,檐下还悬挂一块特制的木构招牌,上面镌刻20个字:"本店创始迄今已有二百余年,只此一家并无分出",以此表明自己的百年老店身份。店堂内显眼处摆放一个大秤砣,系老店旧物。秤砣上有"宁远""成""咸丰"等字样。新店开张以后,一时门庭若市,近悦远来。药铺为前店后坊格局,自制成药有阿胶、鳖甲胶、龟板胶等补药,另有神仙丹、安宫牛黄丸、八珍糕、六味地黄丸、红灵丹、紫雪丹、痧药丸、活络丹等。宁远堂声名鹊起,业务不断扩大,浒墅关、陆墓(后改为陆慕)等地农民都慕名远道而来。民国时期,药铺曾经聘请叶洪钧、金绍文、沈养吾、陈雪楼、吕一平等名医坐堂问诊,极一时之盛。

1956年1月,宁远堂转为公私合营。后来,保寿堂药铺、中易药房先后并入,改名为宁远堂中西药店。1965年转制为国营,易名为立新国药店。如今,成为雷允上药业公司的连锁店。

沐泰山

沐泰山堂药铺简称"沐泰山",始创于清代乾隆二十四年(1759年)。店主为沐尚玉(1736—1812年),字元璧,浙江宁波人。他在弱冠时就传承家风从事药材贩运。有一次,他贩运药材到苏州,得知阊门外渡僧桥堍的一家药铺准备出盘转让。沐尚玉当即抓住这个难得的机遇,毅然筹资接盘,经过装修后选择吉日开张。店名取自己的姓"沐",加上五岳之首的"泰山",合成"沐泰山"。沐浴着稳如泰山的光辉,药铺能不兴旺发达?

沐泰山的经营方式别具一格,采用独特的宣传手段。紧靠桥堍的店墙上,绘有高大的佛像。行人从桥上经过时,一目了然,印象深刻。善男信女参拜后,顺便进店购药。店堂内,摆放一座精美的木雕地屏,名"泰山图"。木雕是店主花500两纹银,采用考究的香樟木,聘请高手精心制作的,堪称镇店之宝。此外,还利用桥畔的石亭摆放蓑衣、雨伞、灯笼和竹筒。行人如果需要,可以不打招呼借用。竹筒内盛放的炒米供路过的行人充饥。如此,通过公益活动起到了很好的广告效应。

沐泰山采购的原料均为正宗的药材,通过精心炮制,推出不少名牌产品,主要有肥儿八珍糕、虎骨木瓜酒、消疲狗皮膏、人参再造丸、大活络丹、金匮鳖甲煎丸等。这些药品行销四乡八镇,传播大江南北,备受医家和病家欢迎。炮制金匮鳖甲煎丸所需的活鳖重量每年多达四五千斤。每年在初夏至盛暑的一个多月内,分十次从江阴玉祁渔民手中购买。为了让市民了解药材真相,沐尚玉让员工在店门口当众斩杀活鳖。活鳖用药只需要裙边,剩余的鳖肉烧制成美味佳肴,除了一部分给员工享用之外,大部分成为免费大餐,赠送给附近的药材行和居民。围观者亲眼看到后,口口相传,成为鳖甲煎丸的义务宣传员。

沐泰山很快发财致富,至嘉庆十六年(1811年),资金积累已达纹银六万两之巨。后来因为家庭人口多,开支庞大,加上不少欠账不能如期收回,导致经营出现危机。于是,已经高龄的沐尚玉将资金分成十二股,出让给兄弟和亲友。至道光年间,股权又部出出让给苏州士绅张镜。于是,沐泰山成为苏、甬两地股东合资的药铺。咸丰十年(1860年),沐泰山药铺毁于太平军和清军交战的战火。幸运的是,张镜事先有远见,把名贵药材和贵重器皿转移到梅湾乡下,减少了损失。同治三年(1864年),张镜动员股东集资重建沐泰山药铺。他把历代收集的良方和验方汇编成《良方簿》《沐泰山堂丹丸总考》。

中华人民共和国成立后,沐泰山又焕发了生机。1956年公私合营后,沐泰山设立药品质量监督小组。其创造的"煎药三查"法和"接、配、对一条龙"方法获得同行公认,受到国务院中医药管理局的表扬,并且向全国推广。为此,沐泰山连续被评为省、市先进单位。"文化大革命"期间"破四旧",店内的"泰山图"木雕以及其他名贵的匾额、楹联、瓷瓶等都被砸毁。药铺更名为"大庆药店"。1970年8月,大庆药店为民服务的先进事迹刊登于《新华日报》。于是,全国各地顾客纷纷来信向药店求购药品。药店每年向顾客邮寄的药品包裹多达3000余件。1985年,沐泰山在原址上翻建为四层新楼。1999年,药店从国外引进中药煎药机,用电脑调温控时,全封闭操作,一次性真空包装。店内职工金竹良,是市级非物质文化遗产的代表性传承人。每年冬季,他精心熬制的膏滋药质量上乘、供不应求,受到顾客的广泛好评。(见图13)

童葆春

童葆春药店位于道前街养育巷西侧,创设于清光绪元年(1875年),最初名为"童葆山",取"仁者乐山"之意。业主是居住在宁波慈溪的童氏望族。从清代中叶起,童氏家族即以善于经商闻名江、浙、沪地区,经营项目遍及金融、百货、绸缎、银楼、药材

图13 沐泰山堂

等行业。开张后的童葆山尤其注重经营管理,服务周到。最重要的是,选用正宗的药材加工药品,诸如饮片规格、外观,丸散炮制的匀整、色泽等,都严格按照优质产品的要求制作,力求精益求精。于是,营业额逐年上升,并且具备了大型药铺的规模。

然而,因为没有独家生产名扬四方的著名产品,药铺难以跻身名店之列。为此,股东们几番商讨对策,并到实地多次考察后发现:江苏地区滋阴补阳类药品还没有叫得响的成药。作为中药材来源的梅花鹿,全身都是宝,尤其是鹿血,具有较强的补血功能。于是,药铺决定开发以"鹿"为主要药材,再添加一些滋补药材的处方,炮制成丸,定名"全鹿丸"。功夫不负有心人,经过反复研究制成的"全鹿丸",病家试服后效果明显。接着,"全鹿丸"通过了"临床试验",被批准入市。从此,"全鹿丸"开始走向市场,并渐渐名声大振。

为了进一步推广产品,药铺绞尽脑汁,千方百计吸引顾客。最为惊人的举动,就是在药铺的后园建立了两间养鹿房。从东北吉林购买的几头梅花鹿圈在养鹿房内,派专人饲养。为了扩大宣传,他们大张旗鼓地向附

近农民订购养鹿饲料,养鹿房免费向市民开放参观。宰杀活鹿前,店堂内张灯结彩,红烛摇曳,檀香飘香。供桌上供奉药王神像,摆着各色茶果和三牲,一派热闹的景象。地方官员、社会士绅、名医巨商、报社撰稿人,各行各业的名流济济一堂,共同见证"宰鹿"的神圣时刻。从此,"宰鹿"成为店里的常规节目,直至民国二十五年(1936年)为止。当然,现在从保护动物的角度考虑,当初的所作所为不值得提倡。民国十九年(1930年),道前街拓宽。童葆春抓住这一有利时机扩大门面。改建后的药铺,面貌焕然一新。门面采用清水砖墙,店堂内部的曲尺柜台改为"和合柜",此外,还悬挂了名人题写的楹联和匾额。

民国二十六年(1937年),抗日战争全面爆发。苏州沦陷期间,日军战机在苏城上空狂轰滥炸,药铺的瓷质药瓶被震落,财产遭日军抢劫,造成了很大的损失。抗战胜利后,举国欢腾。童葆春人笑逐颜开,准备全力恢复生产提高业务量。然而事与愿违,货币贬值严重,药源渠道阻塞依旧,根本无转机可言。1949年苏州解放,童葆春才逐渐恢复生机。"文革"时期,童葆春药铺一度被改名为"健康药店"。1979年,童葆春才恢复了原名。如今,童葆春成为雷允上药业公司国药总店所属的连锁药店。

王鸿翥

王鸿翥药铺创建于清代光绪八年(1882年)。创始人王仙根以经商致富,因出资捐得候补道台四品衔,人称"红顶商人"。其次子王赓云,为吴中外科名医。王氏家中附设药房配药,因为每天就诊者众多,就产生了开药铺的想法。于是,在观前街醋坊桥堍购得临街小屋,经过精心规划和装修,历时三年,于光绪八年(1882年)四月二十七日,药铺正式开张。店名"王鸿翥",取"鸿雁飞翔,福至于庭"之义。店标和产品商标均采用"鸿雁衔灵芝"的吉祥图案。光绪十八年(1892年),王鸿翥还在吴江设立分号。五年后,分号因业绩不佳而关闭。

在激烈的市场竞争中,王鸿翥自有振翅高飞的三大法宝:其一,任人唯贤,厚待员工;其二,创制名牌,参与竞争;其三,精通专业,一丝不苟。店规中明文规定:凡王氏家属和亲戚,均不允许在店内担任职务,过问经营状况。经理、账房等高级职员的人选,必须从本店学徒出身的员工中,按品德和能力选拔。店员本人或家属病故,除了常规的丧葬费外,还有特殊的补助费。如此,大大激发了员工的敬业精神。药铺在多年实践中,精心研制出金液丹、西瓜霜、龙虎丸、大资生丸、回天再造丸等名牌产品。其中,利用古方首乌丸研制出来的"首乌延寿丹",具有滋补功能,推出后受到广大顾客欢迎,成为供不应求的镇店之宝。古方中的首乌丸,原来是明代董其昌等名流服用的一味补药,然而采用传统炮制方法制得的药粒坚硬,不易消化。王鸿翥采用的"九制九蒸"特殊工艺,使中药丸质地糯软疏松,容易吞服消化,从而解决了中药炮制这一千年难题。

王鸿翥药铺的员工,个个精通业务,药铺还拥有丸散能手顾芹生、切制能手列炳初等精英。对于假冒伪劣药材,药铺员工更有一双善于识别的火眼金睛。有一次,一个药材商带着一袋天麻,前来药铺兜售。初看,从天麻的形态、气味和色泽上,均找不到破绽。但仔细鉴别后,发现这种天麻少了一些横纹和鹦鹉嘴的特征。于是,被确认为假货而拒绝收购。"鸿翥无假货,假货不姓王"成为百姓口口相传的口头禅。掌门人王赓云把行医数十年来的心得体会和收集的古今验方按门类汇编成一部"中药宝典",名《王鸿翥堂丸散集》。该书共有三大册20余万字。出版后,分给药铺员工人手一册,让他们熟读精通,便于在业务操作中驾轻就熟。

中华人民共和国成立后,王鸿翥获得了新生。1966年,改名为"人民药店"。"文革"动乱期间,店内瓷瓶等珍贵文物被砸抢一空,令人扼腕叹息。药铺被其他单位占用,成为堆放建筑工具的仓库。1986年5月,王鸿翥恢复营业。(见图14)如今,作为雷允上连锁店的王鸿翥,地址在观

图14 王鸿翥堂

前街62号,经营面积300余平方米。店内供应的药品一应俱全,中药多达1500余种,中成药、西药有2000余种。

天益生

  天益生药铺开设于清道光十七年(1837年),地址在凤凰街南端。本着"唯天为大,有益为上,生命为贵"的原则,药铺取名为"天益生"。该店现在仍在,系百年老字号,至今已有180年的历史。

  天益生的店主姓沈。他是温州人,原来从事药材贩卖,常年奔波于宁波和苏州两地。看到宁波老乡开"宁远堂"药铺发迹,也萌生了开店当老板的想法。于是,沈某便在当时相当冷落的凤凰街南端开了一间简陋的小药铺。开张之日,没有放鞭炮隆重庆祝,仅在店堂内挂上一副楹联,联曰:"修和虽无人见,存心自有天知。"虽然"开业典礼"如此低调,但沈老板对服务极为重视。服务的对象,定位于城里的平民和郊外的农民。开业后,沈老板对顾客服务周到,除烟茶伺候外,还嘘寒问暖,咨询顾客的病情。如此,沈老板结识了不少农民顾客。其中,不但有来自附近南园的本地农民,还有远至斜塘、车坊的农民。

  清咸丰十年(1860年),太平军与清军在苏城发生激战。葑门地区惨遭兵火,毁损严重,而天益生正处在苏城通往葑门的要道上。无奈之下,沈老板连夜雇船,将店内贵重的药材、器具等物品以及全家老小和店内伙计都捎上,逃往偏僻的斜塘、车坊一带。在当地农民的帮助下,沈老板租了几间房屋暂时安顿下来。清同治二年(1863年),听说太平军已经败退,沈老板就携带家人和伙计返回苏州。修复破损的房屋后,药铺又重新开业。

  光绪二十八年(1902年)五月,沈老板病逝。该店学徒出身的周杏树以银币2000元的低价收购药铺,店号改为"天益生杏记药铺"。周系浙江宁波镇海人,不仅能够吃苦耐劳,而且善于管理,加上对本店经营情况了解透彻,终于扭转乾坤,把当初沈老板苦心经营的药铺做大了规模。然而,一波未平一波又起。民国二年(1913年)二月,早年在天益生药铺当学徒的沈其章跳槽后在葑门横街开设"同益生"药铺。因为店名相似,沈其章原来又是天益生的职工,同益生药铺一开张就赢得了人们的信任。天益生再次受到打击,从此失去了跻身大型药店的机会。

中华人民共和国成立初期,天益生一度在苏州第一人民医院内设立中药配方部,并且派出三名职工负责接方和配药服务。"文革"期间,天益生又饱受折腾,单单店名就先后改为天益生中西药商店、红卫药店、民康药店等。直到1979年10月16日,才恢复"天益生"的店名。20世纪80年代,天益生为外宾和港澳同胞开设专柜,营业额不断增长。1980年,天益生荣获苏州市先进单位称号。如今,属于雷允上药业公司国药连锁总店旗下的天益生,是一家颇有名望的老字号连锁店。

同益生

民国二年(1913年)二月,沈其章出资银币2800元,在葑门横街107号开设了一家名叫"同益生"的国药铺。当时,凤凰街上有一家天益生国药铺,早在清道光年间已经开设。沈其章在天益生药铺当过多年学徒,掌握了一套中药经商之道。时机成熟后,他便毅然跳槽离开天益生,自己创业当起老板。店号取名"同益生",含义有两层:其一,诚信经营,与顾客"同利共益";其二,生意同天益生一样兴盛。

同益生药铺的经营对象多为葑门外以配药为主的农民。药铺的格局也为前店后坊,集药材加工与销售于一体。店内供奉一幅药王扁鹊画像。同益生十分注重进货渠道和药材质量,因而炮制出来的药丸往往质优效好,很受顾客欢迎。

同益生店主沈其章有两个儿子,长子沈德荣继承其父的药铺。民国二十五年(1936年)八月,沈德荣以法币2800元接盘开设在横街41号的存德堂药铺,店名改号为"存德堂生记药铺",也称同益生分号。次子沈德华于民国三十三年(1944年)独资受盘潘资一药铺。沈德荣与葑门外名医许伯安有亲家关系。经过许伯安的介绍,同益生的名气更响,业务也更旺。

据苏州市工商部门1950年登记的店铺资料显示:同益生当时拥有固定资产和流动资金计728万元(旧币)。药店有铺面2间、仓库2间、宿舍2间和其他附房2间。店内共雇佣店员12人。同年7月,回春堂药铺(葑门横街122号,1945年创建)并入同益生。1957年,存心堂药铺(葑门横街23号,1921年创建)又并入。如此,同益生药铺先后有三家药铺并入,其规模和知名度由此可见一斑。1958年9月,同益生与民众药房合并,改名为同益生中西药商店。1966 年 10 月改名保健药店,同年 12 月,改制为全民所有制单位。1994 年 10 月,在葑门路 17 号恢复同益生药铺,中西药兼营。加盟雷允上国药连锁总店后,同益生成为其中的一家骨干连锁店,店址在葑门路 143 号,营业面积 113 平方米。药店经营各类中草药、中成药以及化学药制剂(西药),品种多达 2000 余个。

良利堂

良利堂药铺创建于清代嘉庆十四年(1809 年)。店主陆绪卿,上海南汇县周浦镇人。青少年时期,他曾经在药店学徒。满师后,陆绪卿即来到苏州与朋友合作,在临顿路的肖家巷东端开设一家小药铺。店名"陆良利堂",简称"良利堂"。"陆"是其姓,堂名取自韩非子《外储说左上》:"夫良药苦于口,而智者劝而饮之,知其入而已己疾也。"其意思是,良药虽然苦口,却可以治病利民。

良利堂在经营管理制度上要求严格,采用分工负责、责任到人的方法。配方员的名称,按照"仁、义、礼、智、信、温、良、恭、俭、让"的次序排列。药铺的服务对象定位于官宦士绅和富商巨贾,药品经营定位于高端的滋补保健药品。头脑灵活的店主推出专门的"良利堂药折"。客户平时取药不付现金,而凭"药折"记账,逢节日结算时打折优惠。这种量身定制的"贵宾卡"为药铺争取到不少固定客户。由于经营策略胜人一筹,良利堂药铺很快在同行中脱颖而出。咸丰十年(1860 年),来势凶猛的太平军即将进攻苏城。听到这一消息后,陆绪卿立即把店内资产和员工迁移至老家周浦镇开业,避免了损失。战乱平息后,又回到原址开店。为了扩大药铺规模,陆绪卿又出奇制胜,邀请了潘、徐、朱等大户加盟成为股东。如此,良利堂得以跻身于大型国药店行列,其经营的人参、鹿茸、白木耳、枫斛等滋补药品在同业中独占鳌头。

民间有一句俗语:"请了名医要良药,配药要到良利堂。"良利堂的饮片加工享有盛誉。炮制切片既片形美观,又能增强药效。比如,延胡索、附子、白芍都能切成"亮光片",轻薄如蝉翼,弯曲如卷席。一只槟榔甚至可以切成 108 片,令人叹为观止。采用独特"吊花露"工艺制作的茉莉花露、金银花露和蔷薇花露,是夏季防暑降温的最佳饮料。药铺精制的薄荷粉,选用瑞光塔和文庙以西一带药农栽培的小叶黄种薄荷,而且必须是

"二刀"薄荷。薄荷去枝存叶晒干后,分批磨粉分批包装,使色香味均保持完好。后来,薄荷粉从药用扩大为食用,被采芝斋、稻香村、叶受和等糖果店以及黄天源糕团店选用,作为制作糖果和糕团的原料。

民国二十六年(1937年),日寇侵华,苏城沦陷。由于物价飞涨和药源阻断,良利堂药铺只能惨淡经营,从辉煌的顶峰跌入谷底。抗战胜利后,仍未恢复元气,困难重重。苏州解放后,良利堂才获得新生。1956年公私合营后,良利堂成为平江区中心药店和饮片工场。1979年恢复良利堂店名。2002年,良利堂新建店堂,飞檐翘角的门面,金碧辉煌的招牌,古色古香的柜台,再现了良利堂药铺的辉煌。

潘资一

潘氏是苏州的名门望族。潘资一,就是潘氏望族开设的一家国药铺。令人奇怪的是,潘资一药铺的创始年代和创始人,至今无人知晓。《苏州中药堂号志》记载:该店曾称"潘资一大吉堂"药铺……创设在临顿路393号。从药铺留存的青花瓷瓶以及生财器皿上的"大吉堂"字样可以推算,清代咸丰十年(1860年)前,药铺称为"潘资一大吉堂"。同治二年(1863年),太平军失败逃离苏州。潘氏族人陆续从外地回到苏州后,药铺改称为"潘资一"。

据潘氏前辈回忆:太平天国统治苏州时期,苏州城里的不少药铺毁于战火,仅剩两家药铺完好无损还在开业,并且为太平军服务。其中之一就是潘资一大吉堂。当时,太平军忠王李秀成把拙政园及原潘、王等氏的私宅作为苏福省的省府所在地。药铺的业主潘奕藻,就住在拙政园附近的"蒋庙前",其住宅先后成为太平军的官府和粮仓。离拙政园不远的潘资一药铺,太平军也需要使用,于是,潘资一幸运地保存下来,成为太平军的售药处,店里原来的几个伙计也成为售药处的员工。太平军失败离开苏州后,潘奕藻从外地回来,看见店面完好无损,当然非常高兴。于是,药铺重新装修后,改称"潘资一"堂号开业。

民国五年(1916年)和七年(1918年),潘资一药铺的店面两次无缘无故失火,始终没有查出原因。于是,坊间传播各种版本的迷信说法。药铺失火后尽管损失不大,但也给经营带来了一定的负面影响。民国二十二年(1933年),潘氏后人潘家余担任药铺的"末代业主"。民国三十三年

（1944年）三月，外姓沈德华出资接盘药铺，店名改称为"潘资一益记"，由沈氏独资经营。

全盛时期的潘资一药铺，热销的当家药品是"清麟丸"和"制金柑"。"清麟丸"遵循古法炮制，它对因热火上攻导致的牙疼肿胀和便秘引起的多种病症具有独特的疗效，畅销市场久盛不衰。"制金柑"的原料很平常，它以常见的金柑加上多种中药材，经过九次炮制而成，故又称为"九制金柑"。它能够疏气化瘀，对于胃胀和胆囊炎等病症具有独特的疗效。这两款国药也得到同行的广泛好评。此外，潘资一的不少饮片价廉物美，尤其受到娄门外广大农户的青睐。当时在苏州，潘资一虽然够不上大型药铺的标准，却是中型药铺中的经典。

1956年，潘资一药铺实行公私合营。随后，在商业网点调整中，附近的"养生堂"药店并入，店名为"潘资一药店"。"文革"时期，潘资一药店改称为"健民药店"，老店遗存的青花瓷瓶等文物全部丢失。如今，潘资一国药店成为雷允上药业公司的连锁店。

制作技艺成遗产　榜上有名传承人

雷允上药业公司精心制作的多种名药，除了用药地道外，也离不开一批精通技艺的制药大师。多年来，这些大师将手中的绝活代代相传，给后人留下了一份丰厚的非物质文化遗产。徐湘荣、李廷春、李根生、徐志超、宋秋甫、王广元、金竹良、李英杰，就是其中的佼佼者。他们为雷允上的发展壮大，为我国的中医药事业，做出了很大的贡献。如今，金竹良和李英杰已分别被列为市级和国家级非物质文化遗产的代表性传承人。

李英杰（1960—），男。1981年12月，他来到雷允上制药厂，师从第二代传人徐志超，成为一名"微丸"制作工人。其间，他协助徐志超制作的六神丸获得了1984年国家金质奖。1986年7月至1990年12月，他升为微丸工段的工段长，由其主要负责制作的六神丸于1989年再次获国家金质奖。2009年，雷允上六神丸制作技艺入选国家级非物质文化遗产项目，李英杰为该项目的代表性传承人。他被誉为"中医药八大家"之一。

采访李英杰记录

问：在中成药外形上，丸、丹、膏、散、饮片的确切定义是什么？

答：丸，就是把中药材研成细粉后，加入适量黏合剂，制成圆形的药丸。

丹，不具实际形态，有的是丸，有的是散，比如人丹、小儿回春丹均是丸剂，玉枢丹则是散剂。古时把疗效较好的成药称为丹，它是用矿物加热提炼而成的一种化合物。

膏，将中成药切成片或段，加水或加酒精后煎煮去渣制成。根据密度不同分为流浸膏（较稀）、浸膏（达到一定密度）、煎膏（成品膏滋药，如十全大补膏）三种。

散，就是把药物研碎过筛，混合均匀，制成粉状的制剂。

饮片，中药材经过加工净制（挑选、清洗等）、炮制（去皮、切片、切段、煅制、炒制、蒸制、加辅料炒等）后，符合传统医用规格的药品。

问：请说说您到雷允上工作的大致经历。

答：我于1981年11月从部队退伍后，来到雷允上药厂。来之前，我父亲李根生已退休多年，但一直未离开雷允上，带了个徒弟叫徐志超。由于企业要发展，靠一两个专人制作六神丸已无法满足生产需要。考虑到产品的特殊性需要保密，当时苏州医药公司根据企业生产以及传承需要，给我们部队去函，要求我来雷允上药厂工作。部队考虑到地方需要，就批准我退伍。当时我的档案随个人，交到苏州市复员军人安置办公室（设在阊门饭店）。几经周折，我才来到雷允上药厂（最先是安排在苏州公安局，后来雷允上的杭厂长派人到公安局拿回档案）。

问：雷允上生产的各类药品有哪些？

答：雷允上的药品现在还有85个国家批文，常年生产30个左右，覆盖丸剂、散剂、胶囊剂、片剂、颗粒剂、凝胶剂等。丸剂有水丸、水蜜丸、浓缩水蜜丸、大蜜丸、浓缩丸、微丸等。水丸有防风通圣丸、参苓白术丸。水蜜丸有乌鸡白凤丸。浓缩水蜜丸有二至丸、首乌丸、浓缩丸、六味地黄丸、消癥丸。大蜜丸有大活络丸、人参再造丸、疏风活络丸。微丸有六神丸、六灵解毒丸、牛黄消炎丸。散剂有玉枢散、珠黄散、青黛散、锡类散等。胶囊剂有六神胶囊、健延龄胶囊、活络疏肝胶囊等。片剂有补肾强身片、苦胆草片、复方丹参片、珍菊降压片、健胃消食片等。颗粒剂有香菊感冒颗粒、苦黄颗粒、益母草颗粒等。凝胶剂有六神凝胶。

问：药品无菌化操作是怎么回事？

答：无菌就是要求没有活体、微生物存在。现在药品生产必须在净化环境中进行，防止自然界中的细菌、致病菌在药品生产过程中对药品造成污染。无菌化等级可分为一百级、一万级、十万级、三十万级。我厂生产的固体制剂要求是十万级，注射液要求一百级，就是每百万个空气粒子中，只有一百个超出千分之一厘米的微粒子。

问：六神丸的配方是保密的，生产中如何做到不泄密？

答：所有称量和有关台账，全部一人掌握、上锁、加密。所有药材（净药材）在称量中不写药材名称，只写代码。六味药材设定了七个代码，其中有一味药材折成两个代码，称量混合后移入下道工序。周边有可能接触到的本班组人员，一律签订保密协议，以防泄密，协议中有"追责"条款。作为一名军人和共产党员，我责无旁贷必须严守国家机密。即使对我的家人和亲朋好友，也同样如此。曾经有一个要好的朋友，笑着向我问起六神丸的配方。我也微笑着回答："天知、地知、我知，但你不能知。"

问：您接待过前来参观的中外贵宾吗？感受是什么？

答：接待过，几乎每年都有。外国的，如朝鲜、俄罗斯贵宾都有，国内的更多。我们持有一个开放的心态，大家相互交流、相互学习、相互探讨。但涉及保密品种、保密班组时，我们严格按国家科学技术保密委员会的要求，不参观、不介绍、不提供任何配方工艺，坚决执行不走样。

问：请说说您当上国家级非物质文化遗产传承人的经过。

答：六神丸制作技艺，首先获得苏州市非物质文化遗产，后来获得江苏省非物质文化遗产，最后获得国家级非物质文化遗产。如此连升三级，在中成药制作厂家中并不多。听到我当选为非物质文化遗产项目传承人的消息时，我非常激动。手捧沉甸甸的荣誉证书，我更是夜不能寐。其实，我只不过做了我应该做的事情，但国家却给了我这么高的荣誉。我获得的荣誉，其实也是企业和全体员工的荣誉。我应该更加努力，为企业和国家做出更大的贡献。

问：作为传承人，您如何做好"传、帮、带"？

答："聚百草、泽万民"是我厂的主题精神。根据这一精神，我要把精益求精、一丝不苟的工作作风传承给后人。雷允上的员工,应该生产良心药、制作放心药,决不能见利忘义。我现在正在考察合适的传承人。做一个传承人,首先要品行好,遵守职业道德。品行不好,一票否决。其次,能吃苦,肯钻研。这样,我才能把技能毫无保留地传授给接班人,让企业和国家放心。

问:在您身上,还有哪些事迹值得记载下来?

答:我只是一个平凡本分的老工人,一个遵循祖辈教诲,认真学习、刻苦钻研、虚心请教,掌握一定技艺的平凡人。我会继续努力,牢记"精选地道药材允执其信,虔修丸散膏丹上品为宗"的雷允上祖训,把我所从事的工作传承好!

金竹良(1953年—),雷允上膏方制作技艺(传统中医膏方制作技艺)的市级代表性传承人。先后取得中药师、从业药师资格证书,多次被企业评为"年度优秀员工"。其精湛的膏方制作技艺得到了业内专业人士的广泛好评。他熬制的膏滋药,人们戏称为"金牌"膏滋药。

采访金竹良记录

问:请说说您参加工作的大致经历。

答:1970年7月,我初中毕业,属于"七〇届"毕业生。当年10月份,由市劳动局统一分配,到百年老店"沐泰山"药铺工作。从此,一干就是40多年,直至2013年正式退休。在沐泰山药店,我从事中药饮片保管、加工炮制、熬膏等技术工作,深得膏方制作真传。熬药之余,我还兼管仓库工作。沐泰山药铺归并雷允上连锁总店后,我就成为雷允上的一名员工。作为"师带徒顾问团"的导师,长期开展"师承带教"工作。

问:除了膏滋药,还有哪些药品也属于"膏方"一类?

答:雷允上膏方包括两类,一是选用古代经典处方、传统古方,适当加以调整充实,如阿胶芝麻膏、十全大补膏等,这类膏方适用人群广泛,符合大众对养生的需求。二是名医辨证施治,一人一方、一方一锅,这类膏方具有补虚和治病的两大特点。

问:如何制作"膏滋药"等膏方?

答:膏方在雷允上已有近300年的传承,雷允上膏方制作经过药料浸泡、煎煮、沉淀、过滤、浓缩、收膏、凉膏、质检等十道特定的程序和严格的规范操作,历经数代传承,涌现出了一批全面熟练掌握膏方熬制工艺的传承人。其膏达到"其黑如漆、其亮如镜、入口即化"的标准。雷允上膏方重在名医诊断,贵在道地药材,妙在传统炮制,历史渊源悠久,区域优势明显,是中医中药学,尤其是吴门医派理论的特色体现,蕴含了丰富的社会文化价值、临床应用价值、科学工艺价值。

问:熬制膏方苦不苦?当时有没有想换一个工作?

答:刚进药店时,我也想工作轻松点,站柜台卖卖药,空闲时,还可以与旁人聊聊天。但是,领导偏偏把我分配到作坊熬药。于是,平时煎中药,冬季熬膏滋药。这项工作堪称"苦、脏、累",让人望而生畏。夏天,室内温度高达40多度。站在紫铜锅前熬药,热气腾腾(最初使用的燃料是煤),很快就汗流浃背。但为了保证药品质量,不能用电扇,实在忍不住只能摇几下芭蕉扇。和我一起进店的学徒,有的托人找关系改行,有的干脆辞职在家休息。对此,我心里也产生过波动。但考虑再三,还是坚持下来。既来之,则安之。师傅能干的活,我为什么不能干?师傅能做出"名堂",我为什么不能?于是,我解除苦闷心情,开始喜欢上这份工作。

问:您如何当上传承人的?作为传承人,您如何搞好"传、帮、带"?

答:2013年,雷允上膏方制作技艺(传统中医膏方制作技艺)被列入苏州市非物质文化遗产名录。2014年6月,经过规定程序严格审核,我有幸入选第四批苏州市非物质文化遗产项目代表性传承人。雷允上膏方制作技艺为手工操作,费时费力,技术难度大,学习周期长,因此年轻人不太愿意学习,这项手工技艺的传承将面临后继乏人的困境。面对领导的高度重视和信任,我责无旁贷。于是,挑起了"师承带教"的重担。在工作中,我任劳任怨不计报酬,手把手带教青年学员,建立人才梯队,使技艺传承后继有人。其中,徒弟张刘平作为第五代传人,膏滋药制作技艺精湛。目前,张刘平已担任苏州雷允上国药连锁总店加工中心负责人,负责传统中药制作加工及带教工作。

问:在您身上,还有哪些事迹值得记载下来?

答:早在20世纪70年代,就有法国、德国、英国等国家的外宾前来参观。参观时,领导让我陪同外宾并担任讲解员。报社和电视台的不少媒体记者也常常前来采访。2015年,我应邀前往上海松江影视基地,参与拍摄有关纪录片。本来,对方已经为我预订好宾馆,让我第二天好好玩一天,但想到单位的工作,我婉言谢绝对方的好意,当天就赶回苏州。

退休后,不少市民慕名找到我,请我"私人定制"熬制膏滋药。因为,他们相信我熬制的膏滋药选料正宗,完全按传统配方精心熬制,吃了放心。不用开店交税,发挥余热"赚外快",这是一个赚钱的好机会。但是,我还是答应原来单位领导的请求,返聘回到店里上班。有人笑我太傻:"老金搭错神经哉!"对此,我认为只要心情舒畅,钱够用就可以了。

作为雷允上膏方制作技艺传承人,我还积极参加非物质文化遗产宣传展示等传播工作,通过展览、观摩、培训、专业性研讨等形式,开展教育实践和体验性、示范性教育,现场演示雷允上膏方制作技艺,使更多的人了解膏方,满足人民群众日益增长的多元化文化需求,进一步扩大雷允上膏方的品牌影响。

雷氏后人立新功　代代相传美名扬

这里所说的雷氏后人,主要是指生于中华人民共和国时期的雷氏后代。如今的雷氏后人因为种种原因,许多已经离开苏州,分布在全国各地甚至海外。其中不少接受过高等教育,运用自己所学的专业知识,在国内金融机构、医院、高等院校以及各类经济部门工作。随着改革开放的深入,越来越多的雷氏子孙去海外发展,开拓出了一片崭新的领域。

雷传钰(字善觉),青年时期曾经经营股票等业务,成绩斐然。1950年,雷传钰被族人推选为"上海雷允上诵芬堂北号"经理。任职期间,他办事认真负责,经营有方,受到族人一致认可。1952 年,雷传钰又大胆拓展业务,在中国香港创建雷允上诵芬堂。在此期间,他担任香港工业总会会员代表。现在,雷传钰已经去世。

雷学熹,雷氏"松五房"雷骏声的孙子,上海雷允上诵芬堂副经理雷文安之子。他是上海市政协委员,在上海医科大学和同济大学医学院长期担任病理学教授。雷学熹从事医学教学工作 50 多年,对血吸虫病、肺吸虫病和原发性肝癌等进行深入持久的研究,做出了卓越贡献。他的妻子陆湘云,是一名成就卓著的妇产科名医。其子雷明,毕业于上海交通大学,高级工程师,在法国 BV 船级社驻中国办事处任职,长期从事船舶设计制造和审核工作。其女雷英,定居于美国,经过勤奋学习,通过美国医师资格考试,成为一名妇产科医师。

雷璧芬,雷传钰长女。其外祖父曾在"沪北工巡捐局"和大陆银行长期担任要职。1956年,国家对私营工商业实行社会主义改造。其母主动放弃在她名下的六神丸发明权收入(年约一万元)。雷璧芬在清华大学毕业后,留校担任教师20多年。改革开放后,她主动辞职"下海",创建"法信(国际)有限公司",担任董事长。同时,雷璧芬还不忘祖业,兼职香港雷允上诵芬堂董事长,从事中药的研制发展,新开发的多个药品已经在美国和东南亚地区畅销。雷璧芬虽然腰缠万贯,却热心公益事业,是一个有口皆碑的慈善家。她资助母校清华大学的贫困生,每年十名,已经连续多年。雷璧芬的弟弟雷家和、雷家延,妹妹雷家美、雷家英(号璧华),以及他们的下一代,大都在欧美各国就业定居。

雷传湛(1918年8月—2000年7月),上海雷允上国药公司总经理,上海市人民政府参事,全国工商联执行委员,上海市第八届人大代表,上海市第七届政协常委,民建上海市委第六、七届常委,上海"东吴比较法进修学院"院长。2000年7月12日逝世,享年83岁。

民国二十八年(1939年),雷传湛在上海东吴大学法学院读书,三年后毕业。其后,在上海雷允上药铺当学徒,熟悉药业知识。因为工作认真负责,被提拔为"督察"。民国三十七年(1948年),担任上海进出口行国药业务部经理。1950年至1957年,担任上海雷允上国药公司总经理。雷传湛对人才非常重视。为了企业的长远发展,他特意花重金从东北制药厂聘来一位高级药剂师。后来,又从上海高校招来一位教授级化验师。同时,他还组建了中药研究室。当时,生产六神丸所需的牛黄和麝香大部分依靠进口。国外厂家以此为杀手锏,动不动抬高药价。雷传湛憋了一口气,组织专家攻关。经过多次试验,终于人工合成了牛黄和麝香。从此,企业省下了宝贵的外汇,结束了牛黄和麝香依靠进口的历史。

雷传湛是一位拥护共产党、拥护人民政府的民主人士。他曾经深情地对家人和企业员工说过:"只有把自己的前途与国家的前途结合起来,才能有真正的个人前途。"中华人民共和国成立后,他多次去香港,向居住在香港的亲友宣传党的政策,介绍国内的工商界情况,动员亲友回内地定居。担任上海市"药业公会"副主任委员时,他带头购买公债,努力完成税收,并且动员企业股东响应党的号召,积极参与公私合营事宜。1957年12月,由于受"反右扩大化"影响,雷传湛被错划为"右派",下放到农村劳动改造。1959年平反,雷传湛的"右派"分子帽子得以摘除,重新参加工作。但在"文化大革命"中,他被"造反派"揪出来批斗游街,又受到不公正待遇。平反后,他毫无怨言又重新工作。有感于法治建设的重要性,他创建了上海"东吴比较法进修学院",兼任第一任院长。1987年,他又担任上海市人民政府参事。

雷传湛热爱社会主义祖国,坚决反对"台独",期盼祖国早日统一。他利用自己的各种社会兼职和人脉关系,利用在国内外的各种场合,积极进行海外联谊活动。他利用东吴大学校友会副会长的身份,与台湾东吴大学的校友联系,其中不乏台湾当局的高层人物。他还通过在澳门的苏浙沪同乡会,牵线搭桥,加强澳门与大陆的联系。雷传湛通过自己的不懈努力,为澳门的回归和祖国的早日统一做出了不小的贡献。

如今,源远流长的苏州雷氏家族成员,尽管已经遍布五湖四海,世界各地,但苏州永远是他们扎根的沃土。雷氏后人与中药,"药脉相承",紧紧相连。作为雷氏十九世的雷克佳,就是其中的代表。这位面庞清秀的"八零后"女孩,从小就受到祖父雷传昭的熏陶,痴迷于中药中医,情有独钟。雷传昭学医出身,英语极好,曾经在东北担任外交事务官员。后来她回到苏州研究农药,成绩卓著。雷克佳还是孩童时,祖父就经常给她讲解医药常识,使她迷上中药,不可自拔。高中毕业后,雷克佳毅然选择医科专业,考上了南京中医药大学。学成后,多家药业公司向她抛出橄榄枝。雷克佳一一谢绝,进入她钟情的雷允上药业集团工作。如今,她已经成为企业的骨干。

生产药品抗非典　　不计得失受好评

非典,非典型性肺炎的简称。这是一种具有明显传染性的特殊性肺炎,由SARS冠状病毒引起,可累及人体的多个器官,严重的会导致病人死亡。2003年,一场突如其来的非典,气势汹汹席卷全国各地,一时人心惶惶。在党中央和各级政府的正确领导下,全国人民同仇敌忾,展开了一场声势浩大的抗击非典的攻坚战。

苏州与其他城市一样,也同样受到非典的严重威胁,也展开了一场抗击非典的攻坚战。一些人不幸得了非典后,被送进医院隔离治疗。为了防止疾病扩散,与病人有过接触的亲朋好友,也要逐个接受检查。全市所有的公共场所,不管是机关还是企业,不管是学校还是社区,都紧急动员起来,投入"一级战备"。每天,所有公共场所,甚至公交车等交通工具,都要严格喷洒消毒液消毒。每天,所有相关人员都要仔细测量体温。

抗击非典,需要一大批能有效预防非典的药品。苏州市民对行之有效的传统中药情有独钟,对中药汤剂的需求也日益增加。金银花、连翘、芦根等中药饮片供不应求,市面上一时"洛阳纸贵"。在这种情况下,一些"头脑灵活"者从中嗅到了难得的商机。少数外地药企乘机不合理加价,致使中药饮片的进价不断攀升,市内的少数药店也借此囤积居奇,一些黄牛也趁火打劫抢购,企图从中发一笔"不义之财"。

作为国内著名的"老字号"药企,雷允上是苏州生产抗非典药品的龙头企业。面对难得一遇的大好商机,面对供不应求的利润诱惑,雷允上药业集团头脑清醒。集团领导班子通过学习中央文件,贯彻市政府的指示统一思想:顾全大局,一切以抗击非典为重,一切以人民利益为重。为了大局,即使牺牲企业利益也在所不惜。

为此,企业在三个方面严格把关。首先,从源头上把好"进货"关。面对原材料紧张的情况,企业千方百计到外地组织货源。采购人员认真筛选,非正宗原料一律不收;反之,价格抬高也收。其次,在生产中把好"质量"关。对照国家制定的《非典型性肺炎中医药防治技术方案(试行)》处方,技术部门一丝不苟严格遵守,生产车间一丝不苟严格执行。为了满足市场需求,企业员工任劳任怨,常常加班加点生产药品。就这样,企业先后成功煎制出中药汤剂10万瓶。最后,在柜台上严格把好"销售"关。面对药品供不应求的现状,企业有些干部和员工希望能"近水楼台先得月",优先得到供应。一些职工的亲朋好友,也认为能通过关系"走捷径",优先买到药品。对此,雷允上药企领导三令五申:拒绝开后门,优先保证医院和门店柜台供应。从厂部到车间,从总店到门店,从干部到职工,非典时期的"非常规则"层层下达,规则面前人人平等。凡是违反规则从中渔利的,一经查实严肃处理。

非典时期,药品原材料价格上涨了将近50%,导致成品价格也大幅度上涨。但为了保证市民能够及时用药,雷允上坚持以低于成本的价格供货。如此,雷允上不仅没有盈利,反而倒贴了30多万元。价廉物美的中药汤剂等药品一经上市,就被众多市民抢购一空。为了购买雷允上的抗非典药品,许多人在雷允上的连锁门店前排长队。在苏州抗击非典的史册中,雷允上留下了光辉的一页。

不远千里来相会　家鳌欣然献资料

2015年12月12日,以"传承健康智慧,复兴中国医药"为主题的吴门医派高峰论坛暨雷允上首届中国医药文化节,在苏州太湖国际会议中心隆重召开。中国中医科学院、江苏省中医院、南京中医药大学等众多机构的领导和专家学者,以及人民日报、人民网、新华网、苏州电视台、苏州日报等媒体的领导和新闻记者,都参加了这一盛会。

在众多嘉宾中,特别引人注目的是:受东道主雷允上药业有限公司董事长杨方钰邀请,雷氏家族的十七世孙雷家鳌也不远千里前来参加盛会。雷家鳌先生事业有成,长期居住在澳门,经营着一家颇具规模的娱乐投资公司。尽管平时工作繁忙,但他对祖传的雷允上药业非常关注。平时去药店买药,首选雷允上生产的药品,亲戚朋友买药,他也极力推荐雷允上的产品。收到雷允上药业公司的邀请后,他毅然推迟宝贵的生意机会,毫不犹豫爽快答应。在精心准备好礼物后,他第一时间从澳门赶到苏州参加隆重的庆典活动。

在庆典活动中,雷家鳌赠送给东道主的一份礼物,使雷允上药业公司惊喜不已。这份珍贵的礼物,是雷家鳌的父亲保存了一辈子的家传文献资料,其中有:包括雷氏世系表、雷氏礼房世系表在内的《苏州雷氏族谱》,张一麐的《诵芬堂雷氏兴学记》,《雷允上探梅诗》,以及弥足珍贵的《雷允上墓志》等。

鲜为人知的《雷允上墓志》写于清代道光五年(1825年),至今已保存了近两个世纪。墓志撰稿者为雷氏的亲戚、时任广西乡试主考官的吴颐。立石(墓碑)者为雷允上的孙子雷梦麟、雷梦鹏等五人。曾孙雷荣伦书写。墓志扼要介绍了雷允上的一生,其中,有两条珍贵的信息:其一,雷允上生前写了不少诗歌和古文,汇编成《琴韵楼稿》。其二,记载了雷允上最早的墓地,"卒葬吴邑西跨塘之万字圩,以两夫人衬葬,后四十年始立石于墓。"吴邑就是现在的苏州,墓地的位置在现在工业园区的跨塘一带。另据《雷允上迁墓志》记载:1959年,因地方政府征地修路需要,雷允上墓地迁至不远的苏州城东。后来,又因为政府基建拆迁需要,墓地迁至苏州木渎镇的尧峰公墓,直至现在。

附:《雷允上墓志》原文。

吴郡工岐黄术者固不乏人,而雷公南山以经济才治活人者尤矫然绝俗,所著《金匮辨证》《经病方论》《要症论略》等书皆卓卓可传。辛巳岁(注:1821年),余奉聘纂修郡乘,因亟以公行谊载入志中,后四载,其孙梦麟等以公行状乞余志墓重勒石,以垂不朽。

爰叙其略而书之曰:公讳升,字允上,号南山,先世本南昌人。八世祖讳唐,自明中叶秉铎琴川,遂家于吴,七传而生公。公幼即孤露,稍长砥行读书,屡试有司□□(注:此二字难以辨认)。旋弃书,历游燕齐间。两应京兆试辄不遇,遂归老吴门,效韩伯休故事。晚岁徜徉山水,益肆力于诗古文,有自订《琴韵楼稿》藏于家,寿八十四卒。公生康熙三十五年(注:1696年)四月十六日戌时,卒乾隆四十四年(注:1779年)四月初八日辰时。配毛氏观察叔围公女,归公未二稔,卒,无出。继配朱氏秀野公女,箧室陈氏。子四:楷、椿、桂、兰。楷、椿俱先公卒,女三。以子桂任广西梧州参军权苍梧县事。公赠如其官卒,葬吴邑西跨塘之万字圩,以两夫人衬葬,后四十年始立石于墓云。

赐进士出身、户部山东司主事、军机处行走、癸酉(注:1813年)广西乡试主考官、姻再侄吴颐拜撰。

道光五年(注:1825年)岁次乙酉。

孙梦麟、梦鹏、梦震、燮琛、梦鳌立石,曾孙荣纶敬书。

注:此为手抄件,可能有误。

第三章
趣 闻 篇
——百年老店故事多

在百年老店雷允上的发展史上,发生过一些有趣的故事。这些故事,有的知者甚多,有的鲜为人知。从这些故事里,我们可以看到"老法头"(方言,"旧时"的意思)药铺的格局,领略争奇斗艳的药具;可以了解六神丸的神奇来历;可以知道别具一格的药王节;也可以读到雷允上热心公益的义举。一只"瓷盂"的不凡经历,更让人感慨不已。

前店后坊话药铺　坐堂问诊巧行医

苏州古城景德路原中医院旁边,有一座苏州中医药博物馆。馆内陈列有关中医中药的历史介绍和物品。其中,有一组国药店场景堪称镇馆之宝:大堂一角悬挂一块黄底黑字匾,题"雷允上老药铺";匾下悬挂一幅中堂国画,两侧为对联;账桌、曲尺形柜台、格斗橱等物品都原汁原味按原样摆放。(见图15)如此,真实地反映了昔日雷允上药铺前店后坊的格局。(见图16)

图15　国药店场景

当年的雷允上诵芬堂大门门额上题"雷允上"三字。进门,室内金砖铺地。青石柱础上,圆形木柱支撑起梁架,古色古香。大堂上方悬挂一块长方形木匾,题"诵芬堂"三个大字。下面一块横匾,题"不二价"三字。

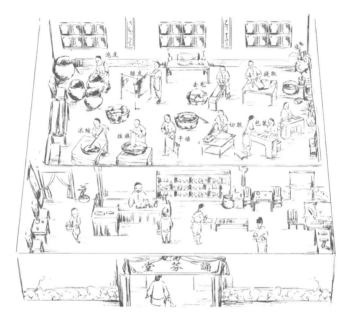

图 16　前店后坊制胶图

匾额下的供桌上,摆放一尊药王半身神像,药王为战国时期名医扁鹊。扁鹊为蔡桓公辨证治病的故事发人深省。供桌两侧摆放香炉、花瓶、镜子等物品,香炉用于祭祀药王,花瓶和镜子寓意"平平静静",讨一个吉利口彩。两侧山墙上张贴有关中草药的图画,扼要介绍其性能和用途。堂前摆放传统的木构柜台。齐胸高的木柜台,横竖相连呈曲尺形。柜台里面,上层设抽屉,下层为配置拉门的柜子,可以存放不少东西。积淀了岁月沧桑的柜台台面呈现出光亮的荸荠色,散发出一股淡淡的草药清香。柜台一侧,有接收药方的红木账桌。古色古香的账桌,下面有镂空踏板,上面配置四个抽屉。抽屉里放账本,每次进货的药材,每天销售的药品,其品种、数量和价钱,都详细记载下来。

柜台前面,一侧靠墙摆放靠背长椅,供病家候诊取药时休息。柜台后面,设置一排整齐的药橱。这种摆放各类中药材的药橱,业内行话称为"格斗橱",俗称"百眼橱"。(见图17)格,层也。斗,就是抽屉。格斗橱充分利用空间,分为上下两部分。上橱的空间较大,安放间隔有序的盛药瓷瓶,有宽口的大型瓷瓶,也有窄口的小型瓷瓶。瓶盖密封性能好,可以防止药材受潮霉变。底橱一般分为五格,每格八只抽屉,总计四十只抽

图17 格斗橱

屉。每个抽屉上配置一只活络铜把手,便于拉出抽屉取药。抽屉上贴有标签,注明药品名称。按照规定,抽屉内一般存放普通药材,瓷瓶中存放珍贵药材。

对于雷家小孩来说,格斗橱还被巧妙利用,成为别具一格的"摸宝橱"。每年春节前的大年夜,吃过年夜饭,小孩们就欢聚在格斗橱旁边,兴致勃勃地"摸宝"。原来,大人在格斗橱的几只抽屉上标注"新年快乐"四字。抽屉内藏有新年礼物,如布娃娃、小手枪等玩具。拉开抽屉,全凭各人的手气。"额角头"高的(苏州方言,指运气好的),里面的礼品多一些;"额角头"低的(苏州方言,指运气差的),里面的礼品少一些。重在参与,不管礼物多少,大家都玩得非常开心。联想起来,格斗橱还可以成为巧妙的"比喻"载体。伟人毛泽东有一篇文章,叫《反对本本主义》。文章批评了一些人浮夸的文风。这些"本本主义者",写文章啰里啰唆,喜欢"叠床架屋",ABCD层层罗列。于是,毛泽东痛斥这种文风是"开中药铺"。幽默而形象的比喻,鞭辟入里。

店堂底层为售药的大堂,楼上则为贵重药品房,兼作值班室。一些珍贵的细料药材,如麝香、牛黄、羚羊角,或者砒霜等有毒的药材,都放在楼上专门的上锁药橱内,由专人负责妥善保管。此人系药铺资深的老师傅,深受店主信任。白天,他在楼上负责发药;晚上,睡在药房里值班。值班的目的,一是为了防盗,二是为了防火。别具一格的是,贵重药品房的发药通道,不是平时供人们上下的楼梯,而是采用专门通道。楼层地板上,有一块方形活络地板。取下该地板,就露出一个看得见下面柜台的方洞。发药时,老师傅把需要的贵重药品放在专门的"药匾"内。药匾形制为团形,用篾片编织而成。系着长绳的药匾从洞口徐徐降下,轻轻摆动长绳,悬挂在匾侧的小铜铃就会发出清脆的铃声。听到这熟悉的铃声,楼下大堂的伙计就会接住药匾取药。方便快捷的取药法,无疑提高了工作效率。

大堂后面,有一个砌筑花岗岩铺地的天井,具有通风采光作用。天井一侧,靠粉墙栽植翠竹一丛,点缀湖石一块,郁郁葱葱,彰显园林要素。另一侧开凿水井一口,青石井栏古朴雅致。水井不但能满足日常生活需要,还能保证药材加工的需要。一口落地大水缸内,栽植美丽的睡莲。然而,其主要作用并不是为了赏景,而是为了防火。一旦发生火灾,可以立刻从水缸中取水扑火。

天井与后面加工药材的作坊(工场)相连,构成前店后坊格局。作坊内雇佣的制药师傅身怀绝技,能够加工各类丸、散、膏、丹、露等药品。其加工工艺均为手工操作,相当复杂规范,主要有煎、炒、渍、切、炙、碾、筛多道工序。作坊一侧设置附房,分为堆栈仓库、煎药房等。另设厨房,供全体员工中午用膳。面积颇大的木板晒台,用于晾晒原药。(后坊在"争奇斗艳话药具"一节中具体介绍)

作坊后面,原来有一片不规则的狭长空地,长满杂草,已经荒芜。雷允上发动员工,因地制宜辟为别具一格的中药园。园内栽种了薄荷、鱼腥草、半边莲、垂盆草等中草药。现摘现制的原生态中草药保证了药材质量。

争奇斗艳话药具　手工制作老古董

开一家国药店,必须配备各种用具用品。雷允上药铺的用具用品争奇斗艳,各显神通,主要有三类:盛放药品的器皿、配药和称量的用具、制作药品的工具。(见图18)这些"老古董",如今在苏州中医药博物馆都可

图 18 药研等工具

以看到。盛放药品的器皿,有各类瓷瓶、锡罐、葫芦、竹匾、药箱等。瓷瓶种类繁多,规格大小不一。最大的青花瓷瓶,制式为棒槌形,瓶身上绘有精美的山水和花鸟等图案,摆放在格斗橱的上层。有的瓷瓶还是景德镇出产的、量身定制的老古董,瓶底有落款。中型青花瓷瓶,形制有细颈瓶、扁方瓶、坛状瓶、鼓凳瓶等多种款式。其中的扁方瓷瓶,一面落款"诵芬堂雷",另一面落款"姑苏阊门内天库前",系开业时定制。袖珍型的鼻烟壶瓶,高不满二寸,瓶身上也有落款"诵芬堂"。这种瓷瓶适合盛放细小的药丸。利用瓷瓶这个载体巧做广告,是一个很好的创意,此外,还可以防止别人假冒。除了瓷瓶之外,还有圆筒状的陶质药罐,药罐盖上绘制花卉图,罐身表面还印上隽秀的诗词,充满了人文气息。

其他盛药器皿也各具特色。造型优美典雅的葫芦,巧夺天工。奇妙的是,它的开口处设置在底部,很隐蔽。俗话说得好:葫芦里到底卖的什么药?只有打开底部的塞子,才能取出里面的药丸。有的葫芦表面还贴上用铜片制作的装饰物,图案为错落有致的蝙蝠。"蝠"寓意"福",讨吉利口彩。如此,实用的药葫芦还是一件高雅的工艺品。形制为圆形的药匾,用竹篾片编织而成。药材摊开在宽敞的药匾内,容易晾干。为了方便离店出诊,药铺还备有小型红木药箱。箱顶安装铜质活络拉手,可随身携带。其形制类似摆放古玩的什锦橱。箱内错落有致,分隔成几个袖珍抽屉,可盛放不同的药品。药箱侧面有凹槽,箱盖嵌在里面,可以上下移动开启箱盖。

配药计量的药秤有不同的规格。其形制为杆秤,分为秤杆、秤砣和秤盘三部分。药材放在秤盘内,秤杆上标明刻度,在秤杆上移动悬挂着秤砣的秤绳,可以称出所需分量的药物。配药的分量关系到治病的效果,必须严格按药方要求,既不能多,也不能少,做到"钱钱计较"。因此,雷允上的药秤都是量身定做的,由葑门附近的"杆秤店"精心制作。秤杆上标明刻度的秤星,更是由老师傅严格把关。最小的袖珍型药秤,秤杆用名贵的象牙制作。这种杆秤称为"钱半秤",用于称贵重的细料药物,如麝香粉、犀角粉、羚羊角粉等。因为最大只能称一钱半,所以称为"钱半秤",又因为不用时放在特制的琵琶形木盒内,故俗称"琵琶秤"。

取药的用具也各不相同。药丸板,用红木制作,形似苍蝇拍。木柄上端连接长方形木板。板上等分钻上11排盲孔,共85个。将其插入药丸中往上一提,每个盲孔内正巧嵌进一粒药丸。如此,数量多少一目了然。药匙,取药粉的用具。铜药匙,有柄,一端连接椭圆形勺子。牛角药匙,截取牛角的尖端部分制作。象牙药刀,呈斧头形,用于抄取片状药材。

加工制作中药的工具同样争奇斗艳。不同的加工方法需要使用不同的工具。基本制作工具有扳刀、捣筒和药榨床。规格不同的扳刀,用于切削各类药材,比如人参切片。捣药用的铜质捣筒,筒身圆柱形,下端略细,配置中间有孔的筒盖。捣棒通过孔洞伸进筒内,可以均匀地捣药。榨制药汁的药榨床,采用坚固的红木制作,外形类似农村切割草料用的铡刀。长方形的床架,底部用四条腿支撑。床架上设置一个连接手柄的圆形磨盘。药材放在磨盘底部,将手柄左右摇晃,磨盘转动后就能榨出药汁。床架前后高低不等,便于药汁流出。

各类研磨药材的用具品种繁多,主要有瓷盂、药船和大研钵。瓷盂又称为"研盂",用瓷土烧制,是碾制朱砂、珍珠粉等不可缺少的专用工具。其外形如碗,大小不等,外表绘制精美的花卉或山水。瓷盂和研棒配套使用。木构圆形研棒顶端镶嵌一个瓷质研头。使用时,研头在瓷盂内研磨药粉,必须用力均匀,掌握好节奏。铸铁药船又称为"铁药研",外形如一只狭长形小船,船底用支架固定。凹进去的船舱内,配置一个圆形薄铁片,称为"研盘"。研盘中间,两端各伸出一段固定的铁棍,称为"手柄"。研磨时,药材放在药船内,双手握住手柄在船舱内来回匀速滚动。(见图19)研磨体积大的药材,必须使用大研钵,它是研磨用具中的"巨无霸"。大研钵分

图19　铸铁药船(铁药研)

为基座和支架两部分。正方形的木构基座,底部有抽屉可以放置东西。基座表面镶嵌一个陶质研钵。研钵如锅,直径有45厘米。研钵上设置一个木构支架,高105厘米。支架中间有孔,穿一根木构研棒。研棒上镶嵌一个陶质研头。使用时握住研棒上下匀速移动,可以将放在钵内的药材捣碎研细。

此外,还有各种竹制团匾,为制作丸药的工具。药粉放入团匾内,均匀地洒上适量的清水。双手握住竹匾两端,按顺时针方向转动,就能滚出颗粒状药丸。药丸滚得圆不圆,大小是否一致,全凭手上的功夫。以前家庭主妇搓制"小圆子",就是采用这种方法。"铁爪漏",竹柄上连接一个用铁丝编织的漏盘。使用时,可以从水中捞出清洗的药材。

俗话说得好:冬季进补,上山打虎。每年冬令时节,雷允上就利用专门的药灶熬制进补的膏滋药。砖砌的药灶,灶台俗称"灶头",一般用"八五砖"砌筑,外表抹上纸筋,涂上石灰水。灶台的结构分为主体和烟囱两部分。烟囱为中空长方形的烟道,伸出屋面,用于排烟。灶台上放置一口特大号铁锅(铁镬),俗称"独眼灶"。铁锅一侧安放盛水的汤罐,巧妙利用灶膛的余热加温。灶台最外沿的灶面可以摆放物品。灶山墙一般分为凹进的上下两层。上层设置灶龛,为供奉灶王爷之所。下层可放置瓶瓶罐罐之类的器皿,以及照明的油灯。灶山墙侧面有一个方形小洞,俗称"焦心",用于放置火柴或其他零碎杂物。灶山墙的背面底部开有灶膛。烧火人坐在灶膛后面的小板凳上,用火钳钳住树柴、草把等燃料,送进灶膛烧火,并且根据需要调节火温。

装饰美化灶台的图案称为"灶画",主要画在灶山墙、灶面下的灶脚

上，此外，还可以画在灶台侧面。使用的颜色分为水墨和彩绘，以水墨为多。其内容富含吉祥寓意，表达了对美好生活的祈盼。图案可分为神像、动物、植物、纹饰和器物五类。神像主要有福禄寿三星、财神赵公明、关公、和合二仙等民间俗神。动物主要有龙、虎、鸡、羊，以及喜鹊登梅、凤穿牡丹、鲤鱼跳龙门等复合图案。植物果品主要有松树、寿桃、石榴、西瓜、梅兰竹菊等。器物主要有如意和聚宝盆。纹饰类有波浪纹、螺纹、缠枝纹等。除了图案，还有文字补白，如生意兴隆、小心火烛等，多为四字组成。

一年一度药王节　丰富多彩聚人气

苏州古城阊门一带，风物清嘉，传统文化积淀丰厚。清代，这里有一个特殊的药业民俗，叫"药王节"，俗称"药王会"。每年的农历四月二十八日，由雷允上国药店领衔，和附近的其他国药店一起，共同举办别具一格的药王节。这一脍炙人口的习俗，现在已很少提起。

其实，药王节就是一种行业性质的庙会。祭拜药王，可以保佑药店生意兴隆；药店共同参与，可以联络同行感情；组织庙会活动，可以吸引顾客和药商前来凝聚人气，无疑是一种巧妙的广告。在中国传统文化中，药王节上祭拜的药王（药皇），历代各不相同，归纳起来，主要有以下八位：上古的伏羲、神农、黄帝，战国的扁鹊，东汉的华佗，唐代的孙思邈、韦善俊（韦古道），明代的李时珍。民间信佛的居士，则把佛教的药师佛也列入药王。药师佛全称"药师琉璃光如来"，又称为"大医王佛"。下面介绍其中的六位：

神农氏，一说神农氏即炎帝。相传，神通广大的神农不但开创了农业和畜牧业，还亲自采百草给百姓治病。扁鹊，战国时期医药家。他通过望色、听声，即能知道病情所在，并且善用"针石""服汤"等疗法为病人治病。《汉书·艺文志》所录《扁鹊内经》《扁鹊外经》，今已无存。华佗，东汉末年医学家。他医术全面，尤其擅长外科，精通内、妇、儿、针灸各科。曾经制作"麻沸散"为病人麻醉后开刀，是世界最早使用全身麻醉手术的医生。他创造的"五禽戏"，强调通过体育锻炼防病。孙思邈，唐初医学家。他通过临床经验总结，著有《千金方》《千金翼方》。其书首列妇女、幼儿疾病，并创立脏病、腑病分类系统。李时珍，明代医学家。其所撰《本草纲目》，取材精审，内容丰富，为药物学史上的巨著。

"沈汾《续神仙传》：'药王姓韦，名古，道号归藏，西域天竺人。开元二十五年入京师，纱巾毳袍，杖履而行，腰系葫芦数十，广施药饵，疗人多效。帝召入宫，图其形，赐号药王。'"（清代顾张思《土风录》）又韩无咎《桐阴旧话》引《列仙传》："唐武后朝韦善俊，京兆人，长斋奉道，常携黑犬，名乌龙，世俗谓之药王。"清代顾震涛《吴门表隐》："按药王，一作韦古道，西域人，唐开元二十五年赐号。一作韦善俊，京兆人，唐武后时人。一作扁鹊。今祀神农氏最合。"

祭祀药王的场所，称为药王庙，又称医皇庙、医王庙、三皇庙。三皇庙，在洙泗巷。清代袁景澜《吴郡岁华纪丽》："医士骈集进香于洙泗巷之三皇庙。"该庙祭祀伏羲、神农、黄帝三位药王。后来又配祀夏禹、岐伯等。药王庙，建于清代康熙十三年（1674年），由药业商人共同出资所建，为药业同行的组织机构，地址在石路南濠街（现改名为南浩街）卢家巷。近人王謇著有《宋平江城坊考》。该书在"卢家巷"条目载："旧志，药王庙，在城西卢家巷。"（江苏古籍出版社1986年11月第1版第298页）卢家巷，在今天的阊胥路东面，曾名"永康巷"。高士奇《扈从西巡日录》："药王庙，专祀扁鹊。四月二十八日，贺药王生日。""士女焚香祈报集于此。"药王庙后改称"神农庙花园"，曾为石路小学使用。园内旧有假山水池、曲廊小亭、曲桥石舫等，今已无存。

药王尽管名称不一，但生日一律都定于农历的四月二十八日，为药界同行举办"药王节"的日子。药王节是国药店同行和广大市民的狂欢节。吴梅村有诗云："香火年年赛药王。"从四月二十八日至三十日，药王节活动连续三天。届时，雷允上、沐泰山等国药店鸣放鞭炮，杀牛宰羊，制作奶酪，采集鲜果，燃香供奉于药王庙内的神像前，向扁鹊顶礼膜拜，祈求药王赐福。祭拜仪式完毕，举行丰富多彩的庙会出游活动。队伍前面，鸣锣开道，鼓声此起彼伏。两个年轻力壮的药店伙计抬着药王扁鹊神像走在最前面，后面踩高跷的伙计扮演神农氏、孙思邈、华佗等药王，还有一些人则高举牌子，牌子上画有何首乌、人参、青蒿等中草药图案，栩栩如生。不少紧跟出会队伍的孩童，争先恐后，抢拾掉在地上尚未炸开的小鞭炮。

药王节期间，更有为首者聚众集会，集资延请戏班，搭台唱戏。所演剧目，多为传统昆剧，如《牡丹亭》。同时，各地药商也云集药王节，洽谈采购各类中草药和中成药事宜。药王庙内有一块碑刻，记载了当时的盛况:"四方之负药担囊而至者,将贾直(价值)定于斯,权衡平于斯,钧石亦正于斯,则可以昭忠信而息纷争。"外地客商在采购苏州药材的同时,也把带来的客地药材出售,从而充实了苏州的药源。

四月二十八日当天,还举办有趣的灯谜和征联活动。但见雷允上店门前,张灯结彩。伴随着"噼里啪啦"的鞭炮声,店门前人头攒动,前来"轧闹猛"(苏州方言,指凑热闹)的人特别多。原来,店门前拉起了一根长长的绳子,绳子上挂满了用红纸条书写的灯谜条目,凡是猜中者,均可得到该店自制的一瓶药水。琳琅满目的灯谜,尽管谜面各不相同,谜目却完全相同:猜中药名。别具一格的谜条,自然迷住了不少猜谜爱好者。交头接耳中,一条条生动有趣的灯谜先后被猜中谜底。比如,谜面为"一百",谜底就是"半夏"("夏"的一半分开后即"一百");再如,谜面为"吴地小孩",谜底是"苏子"(苏州的孩子,同时也是一味中药);还有一条谜面为"在外盼回家",要求猜出三个中药名,谜底为"生地、当归、熟地"。谜底与谜面字字扣合天衣无缝,堪称佳谜上品。

除了猜谜,还有征联。店家出上联,观众对下联,对上了也同样给予奖品。为切合行业特色,上下联中必须都有中药名入联。比如,上联"独活灵芝草",下联对"当归何首乌",四味中药材巧妙构成一副佳联。再比如,上联"大将军骑海马身披穿山甲",下联对"红娘子坐车前头戴金银花",上下联嵌入的中药名,有人物有动物还有植物,可谓妙趣横生。

后来,药王节又衍生出品药茶、挂香袋两大习俗。药王神茶由生黄芪、大青叶、佩兰、芦根、薄荷和甘草六味药剂制成,具有预防感冒、提高免疫力的功效。药王神茶摆在药店大堂内,免费供人们品尝。挂香袋最受小孩青睐。药王节期间,大人带领小孩赶到中药店,抓上白芷、艾叶、辛夷、薄荷、冰片等多味中药香料,再用绸缎缝制成小袋,把香料装在袋内,挂在小孩的胸前。闻一闻,中药香味沁人心脾,具有提神醒脑的功用。

民国时期,药王节活动日渐式微。日本军队进驻苏州后,时局动乱,药王节活动就此结束。如今,在阊门石路举办的"轧神仙"民俗活动已列入非物质文化遗产。每年农历四月十四日的"轧神仙"活动盛况空前,而历史上仅仅相隔十多天的"药王节"却不见踪影。其实,有关方面不妨挖掘传统文化底蕴,将这两个节庆资源整合起来,从而使"药王节"这一非物质文化遗产也传承下去。

奇人治学又治水　林公赠送戒烟方

在雷氏家族中,雷浚是一个"另类"的奇人。太平军攻占苏州前,雷浚和儿子雷莲伯以及部分眷属避难至偏僻处,一个叫"鹅湖"的乡村。有一天,太平军忽然到来,雷浚来不及逃避被抓,充作随军挑担的伙夫。年幼的雷莲伯苦苦哀求而涕泣,要求以身代替。太平军被他的孝行感动,把两人都放了。于是,得以脱身的父子二人辗转避难一路流浪,将近三年才来到上海,与雷庆鋆等族人相聚。令人称奇的是,雷浚后来没有继承家族衣钵在药铺经商,而成为事业有成的文人学者。

雷浚(1814—1893年),字浚之,号甘谿。他从小聪明好学,熟读"四书五经"。他与陈倬(字培之)、丁士涵(字泳之)三人,皆博学多才,有"吴下三之"的美誉。雷浚跟从段玉裁的弟子江沅,精研《说文解字》,潜心著述。他曾经协助冯桂芬编撰《苏州府志》,并主持《苏州府志》中《艺术》《流寓》等卷的编撰。后来,他又主讲经义于苏州学古堂。其著述颇丰,有《说文段注集解》《道福堂诗草》《雷刻八种》《学古堂日记》等。遗憾的是,其中不少是案头稿本,因为尚未刊刻而没有流传下来。其妻钱氏,是当时无锡著名文人钱泳之女。其子雷莲伯颇得外祖父传授,也多才多艺。其书法工于汉隶,还擅长丹青。

雷浚不但喜欢读儒家经典,还喜欢"不务正业",读一些有关苏州的地方文献,如《吴地记》《吴郡志》。水乡泽国的苏州,河道纵横,大小湖泊星罗棋布。对此颇感兴趣的雷浚还阅读了有关水利方面的乡邦文献,如《吴中水利全书》《太湖备考》等。有一天中午休息时,雷浚在药铺向员工说起苏州的河道,并且取出《苏郡城河三横四直图》碑的拓片,津津有味地指点起来。这时,有一个顾客进门前来买药。但见此人气宇轩昂,气质不凡。原来,他就是赫赫有名的林则徐,时任江苏巡抚(当时的巡抚衙门在苏州书院巷,其旧址遗构仍在,已列为文物保护单位)。林则徐见雷浚正在讲解苏州的河道,顿时兴奋起来。原来,当时苏州的水患比较严重,作为地方长官的林则徐正在苏城主持兴修水利工程。当他得知雷浚的姓名后,不由地一拍雷浚的肩膀:"你就是我最需要的河道疏浚帮手。"

一个极其偶然的机会,使雷浚从此与疏浚河道结缘,并且意想不到地成为水利专家。从此,他常常跟随林则徐,出现在各个兴修水利的工地上,因地制宜,群策群力,或疏浚淤泥堆积的河道,或加固年久失修的海塘。作为熟悉苏州河道的"土著",雷浚运用自己的智慧,提出了不少对症下药的"金点子"。林则徐对此虚心接受,一一采纳。面对资金缺乏的困难,雷浚也提出了自己的建议,即扩大宣传力度,对广大百姓晓之以理动之以情,让他们明白,兴修水利,取之于民用之于民,是一项造福于民的实事工程。在具体操作过程中,雷浚还提出借用民间力量,有钱出钱,有力出力。对于富裕的士绅,可以出资相助;对于普通的百姓,可以以工代赈。如此双管齐下,大大加快了水利施工进度。雷浚治水的智慧和才能受到林则徐的高度称赞。

林则徐在广州虎门销烟(鸦片)的感人事迹家喻户晓。其实,林则徐最早实施禁烟的地点,是在苏州。苏州古城北局的小广场上,有一块保存至今的纪念碑,名"林则徐禁烟纪念碑"。由于鸦片的泛滥,当时包括官员在内,苏城吸食鸦片者不下数万人。阊门南濠街(即现在的南浩街)一带,是贩卖和吸食鸦片的重灾区。林则徐一上任,就雷厉风行地开展禁烟运动,毫不留情抓捕烟贩子和吸食者。雷浚亲眼看见后,感触很深。他组织雷氏族人召开"禁烟会议",要求族人不吸食鸦片,药铺不销售鸦片。林则徐听说后,对雷浚的做法予以表扬,并且对苏城药铺下达禁令:"不得暗中窝藏和销售鸦片,否则缉拿归案。"

据坊间流传,林则徐曾经得到一张"戒烟"的民间药方,上面记载着十八味中药材名称。林则徐将该药方通过雷浚交给诵芬堂药铺,要求药铺试制成"戒烟药"。经过多次反复试验,戒烟药终于制成。因为药方是林则徐赠送的,由十八种药材构成,因此,这款戒烟药俗称"林十八"。吸食者采用这款戒烟药后,戒烟效果相当明显。对此,具有社会责任感的雷允上药铺,不但没有趁机抬高价钱从中渔利,反而降低药价造福社会。

乐善好施多义举　修桥办学献爱心

慈善义举是中华民族的传统美德。自古以来,济贫救困、捐资助学的善人,乐善好施、解囊相助的善事,修桥铺路、热心公益的义举,就层出不穷代代相传。作为一家讲究诚信经商、注重社会声誉的药铺,雷允上诵芬堂也不例外。平时,囊中羞涩的病人前来看病配药,店家常常少收钱款甚至全免。乾隆初期,苏州地区瘟疫流行,一些无家可归的孤寡者暴病街头。对此,雷允上便施以援手。对于病死者,则施棺落葬。逢年过节,药铺常常在店门口设摊,对贫困者施粥施药。腊八节那天,雷允上还精心熬制腊八粥,并免费供应。市民笑逐颜开排队领取腊八粥,成为一道特殊的时令风景线。这一源远流长的公益活动,一直流传至今。

修桥办学,是雷允上药铺最为典型的两件义举善事。苏州郊外横塘,有一座古老的花岗岩石拱桥,名"彩云桥"。该桥的始建年代扑朔迷离,至今尚未定论,但从形制和材质来分析,不会晚于南宋时期。南宋大诗人范成大晚年隐于苏州西郊石湖时,写过一首题名《横塘》的诗歌,诗曰:"南浦春来绿一川,石桥朱塔两依然。"该桥因跨越京杭大运河,历来为行旅要道。因为年久失修,桥身摇摇欲坠,栏杆脱落。曾经有小孩不幸落水,造成令人伤心的悲剧。20世纪30年代初,地方政府因为缺乏经费,修桥一事迟迟未能动工。过往行人无法,只能浪费时间绕道而行。雷允上药铺当时的经理雷学均乐善好施,是一个热心公益的慈善家。他听说此事后非常着急,就主动与救生会联系,愿意捐资重修彩云桥。救生会是当时苏州的一个民间慈善机构,也正在为此事着急。于是,双方一拍即合。在救生会的主持下,经过多方筹集资金,民国十七年(1928年),终于修复了美丽壮观的彩云桥。1982年,彩云桥被列为苏州市文物保护单位。1992年,因为大运河拓宽,彩云桥原汁原味移建。如今这座移建于胥江上的三孔石拱桥,古朴雅致,全长38米,矢高5.6米。东面的次孔内,设置可供纤夫通行的纤道。彩云桥与近在咫尺的横塘驿亭,相映成趣,相得益彰。

捐资创办纯一学校,更是雷允上药铺实施的一件大善事。民国十年(1921年),雷文衍为了帮助失学儿童就读,和族人共同捐资助学,在通和坊原雷子纯故居,创办了一所私立小学校。为纪念雷子纯(号纯一),学校起名为"纯一小学"。建校后,雷氏又捐资增添了不少教学设备。前前后后共捐赠现金三万余银元,以及1200亩田地(田价估计为十万元)。按当时米价,每石六至八元计算,这笔捐款堪称巨款。对此义举,名绅张一麐非常感动,特作《诵芬堂雷氏兴学记》歌咏。文中云:"吾吴……以私财设学无虑巨万如雷氏所为者,近世未尝有也。"(见广陵书社2006年7月

第 1 版《苏州名门望族》第 418 页)

　　雷氏与纯一小学校长彭嘉滋之间,还有一个动人的感恩故事。当初,雷子纯在上海落难设摊卖药时,一位顾姓老者把祖传秘方赠送给雷子纯。雷子纯根据这张残缺的秘方研制成功六神丸。为了答谢顾老赠送秘方,雷允上药铺把族中的一个女儿嫁给顾老的外甥彭嘉滋。彭嘉滋担任校长后,同样传承慈善美德。学校每年招收全免学费的贫困生二百人。民国十四年(1925年),学校扩大为初级中学。至抗战前,全校共有学生千余人。日伪时期,伪教育部门在中小学强行推行日语教育。校长彭嘉滋不怕威胁,毅然停办纯一学校。抗战胜利后,学校复学才恢复正常教学秩序。中华人民共和国成立后,因为原校地址被征用,纯一中学并入其他学校。如今,在该校遗址上建起了通和新村。昔日学校培养的学生中,有不少已成为著名的学者、企业家等。现在,苏州教育博物馆正在筹建中。纯一学校,应该在教育博物馆中占有不可或缺的一席之地。

　　附:诵芬堂雷氏兴学记——选自张一麐《心太平室集》卷三·二
　　吾邑自宋范文正公以宗法创为义田,举国化之。吴故文正乡里,九百年世家巨族濡染者久,以故义庄林立甲于全国。近世校邠冯先生议复宗法,又变通文正之义而推广之。今去校邠之世又六十禩矣,科举废而学校兴,宗族主义小而国家主意大。使范公生于今日,其不仅以敬宗睦族之义田为限必矣。亲亲而仁民,仁民而爱物。圣人弥纶天地之道固如是也。
　　吾观于乡蕲合于前之所云者,莫不曰雷氏纯一先生。先生高祖字允上,著医书甚夥,而设诵芬堂药肆于阊门天库前,世传其业。洪杨之役,肆毁于兵。先生自贼中逃至上海,酾金复旧肆于沪。寇平,复分设于苏。撮古方为丹丸,而六神丸为尤著。世所称雷允上六神丸者也,风行中外。日本政府视为漏卮,取缔之,诇其方不可得,亦终弗能制。不胫而走,家以大赢。然乃自奉极薄,好施于人,与王酋山、尤鼎孚诸乡老酾金购米以饱穷嫠,公殁而中缀。
　　令子文衍善承先志,与吴君砚农暨族人之贤者规复旧制,岁额至四百七十人。文衍又于民国八年,助田一千二百亩为基本金,创设"纯一小学",即以先生之号为名。学有免费额二百,以济孤寒子弟,而来学者颇有受饥嫠妇之孤儿。先生之遗泽长矣。始赁舍于通和坊,人浮于舍,乃就吴县已废学宫墙地,鸠工庀材,计前后期毕业生一百三十七人。十四年度,于小学四二制外增设二级,中学得一年级生五十四人,益以小学部三百四十九人,都四百十三人。基本金田价估计十万元,建筑及先后补助费约三万元。吾吴积善之家蒸为风俗,至以私财设学无虑巨万如雷氏所为者,近世未尝有也。

昔范公云:不为良相即为良医。先生之风视文正亦何愧焉。君子达而在朝,则思陶溶于一世之人才,于匹夫匹妇不被其泽者,辄引为己疚。穷而在乡则竭吾力之所及,推仁于邻里乡党,以完其万物皆备之身,视彼美田宅肥子孙,使贤者损智,愚者益过,其贤不肖之相去岂不远哉。吾以是卜雷氏之日昌不令高平义园专美于前,世之君子可以兴矣。先生事迹,余同年生邹君嘉来既为之传,尤丈先甲吴君荫培、李君永龄皆有题记,兹不具书,书其荦荦大者如右。

注:所摘资料,标点为作者按理解添加,可能有误。

日商影射玩花样　商标侵权终失败

雷允上"六神丸"的配方是保密的。中华人民共和国成立前,其制作一直保持着独家经营的地位,秘方传儿不传女。六神丸的总秘方掌握在雷氏传人手中,其制作工序按采购、炮制、选配等步骤分解下去。制药工各司其职,相互间不允许打听。各岗完成原药后,再汇总到传人手中,由传人在一个封闭的房间里完成最后的合成。事实证明,这一做法有效地保护了秘方不致外传泄密。

六神丸畅销海内外后,不少不良的商家看见有利可图就纷纷仿制,从而引发了大量假冒伪劣产品的出现。其中,不但有本地和外地药商,还有国外的日本商人。提起日本侵略者,我们往往想到的是军事侵略和文化侵略,其实,他们的商业侵略同样令人愤慨。其中,"雷允上日商影射商标案"是一个典型。苏州市档案局保留的几份资料披露了这一事实。(见图20)

民国十三年(1924年),上海有一个日本药商,名叫矢渡平兵卫。他以"雷允号"和"雷允"作为联合商标,向上海商标局呈请注册。上海商标

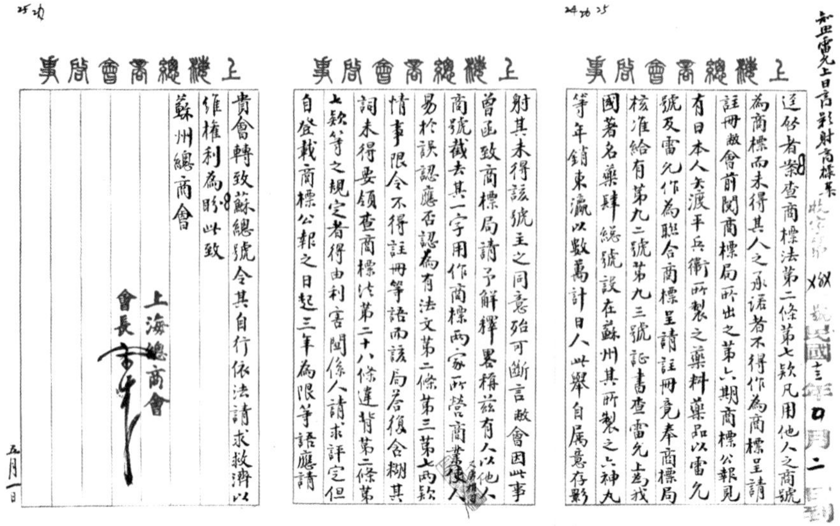

六五雷允上日商影射商標案

民國十三年四月二日到

上海總商會問事

逕啓者案查商標法第二條第七款凡用他人之商號為商標而未得其人之承諾者不得作為商標呈請註冊敝會前閱商標局所出之第六期商標公報見有日本人矢渡平兵衛所製之藥料藥品以雷允號及雷允作為聯合商標呈請註冊竟奉商標局核准給有第九二號第九三號證書查雷允上爲我國著名藥肆總號設在蘇州其所製之六神丸等年銷東瀛以數萬計日人此舉自屬意存影

上海總商會問事

射其未得該號主之同意殆可斷言敝會因此事曾函致商標局請予解釋略稱茲有人以他人商號截去其一字用作商標兩家所營商業使人易於誤認應否認為有法文第二條第三第七兩款情事限令不得註冊等語而該局答復含糊其詞未得要領查商標法第二十八條違背第二條第七款等之規定者得由利害關係人請求評定但自登載商標公報之日起三年為限等語應請

上海總商會問事

貴會轉致蘇總號令其自行依法請求救濟以維權利為盼此致

蘇州總商會

上海總商會

會長

五月一日

图 20　雷允上日商影射商标案

局没有仔细调查和公示，居然大笔一挥批准。敢于伸张正义的上海总商会得知后，义愤填膺，立刻向上海商标局提出质疑，同时，又将此事告知苏州总商会。四月二日，上海总商会会长用内部公文纸（抬头标注“上海总商会问事”），亲自发文给苏州总商会。文中称：查商标法第二条第七款，凡用他人之商号为商标，而未得其人之承诺者，不得作为商标呈请注册。敝会前阅商标局所出之第六期商标公报，见有日本人矢渡平兵卫所制之药料药品，以“雷允号”及“雷允”作为联合商标呈请注册，竟奉商标局核准，给有第九二号、第九三号证书。查雷允上为我国著名药肆，总号设在苏州。其所制之六神丸等年销东瀛，以数万计。日人此举自属意存影射……敝会因此事曾函致商标局……而该局答复含糊其词未得要领……请贵会（苏州总商会）转致苏总号（苏州雷允上总号），令其自行依法请求救济以维权利为盼。

苏州总商会接到上海总商会来函后，立即转发给苏州雷允上。文中完全赞同上海总商会的意见：“以他人商号截去一字用作商标，未免意存影射。”苏州雷允上药铺得知后大吃一惊，立即将日商侵权一事写成书面文字，呈请上海商标局重新裁定。经过多次交涉，日商侵权注册的阴谋终于失败。从此事可以看出：作为当时行业组织的总商会，在维权中起了相当大的作用。

吸取被侵权的沉痛教训,民国十七年(1928年)九月十九日,雷允上药铺将六神丸药品注册"九芝图"商标,取得了专用权。这是我国工商界最早注册的商标之一。民国二十年(1931年),苏州雷允上诵芬堂经理雷征明、上海雷允上诵芬堂经理雷显之在10月15日的上海《新闻报》上对六神丸商标改进做出说明:将"雷允上诵芬堂水印"这八个字改为红色"双勾"字(俗称"空心"字),又将长方形旧声明章一方,改印本堂商标,另加"雷允上诵芬堂"朱砂篆文印章一方。此后,为了防止不法之徒假冒,该商标的图案又有所改进,但换汤不换药,"九芝图"名称始终不变。

日伪时期,还有一个做药材生意的日商,千方百计想窃取六神丸秘方。由于无法收全配方,最终未能得逞。后来,此人不惜以自己的王牌货"仁丹"配方,企图交换六神丸配方。雷允上为保持祖传秘方,拒绝了日商的多次利诱和威胁。无可奈何的日商孤注一掷,叫来了几个日本兵。但是,日本兵们同样黔驴技穷,恼羞成怒的日本兵以莫须有的罪名将几个雷氏族人和药铺职工抓走,关进监狱严刑拷打。面对残酷迫害,雷氏族人和职工仍不屈服。最后,在社会舆论的压力下,无计可施的日本兵只能乖乖放人。

后来,该日商回国后又心生一计,妄图借名牌沾光,利用报纸为"仁丹"做广告,恬不知耻吹嘘:"源自苏州雷允上诵芬堂。"此举让人可恨又可笑。

据说,20世纪90年代,有位中国游客到日本游览,在一家民间博物馆中,他看见一块"雷允上诵芬堂"匾额。仔细观察,不是假货而是真古董。原来在日伪时期,有一个日商想窃取六神丸秘方不成,就偷了这块匾额带回日本珍藏。此人是否就是前面所说的那个做药材生意的日商,不得而知。

精心制作话名药　　中药瑰宝不虚传

雷允上制作的丸、散、膏、丹、露等各类中成药,品种繁多,争奇斗艳。(见图21)多年来,这些中成药之所以成为有口皆碑的名药,绝不是偶然的。由于从源头抓起,注重进货渠道和药材质地,加上制作的各道工序都一丝不苟严把质量关,因而炮制的药品质优效好。雷允上生产的药物以细料丸散为主,许多都是抢救病人的急救药品,为了保证产品优异,选用原料不惜成本,力求正宗的"高档货"。比如麝香,指定由"杜盛兴麝香号"提供的"杜字香"。牛黄,非"金山黄"不用。珍珠,系"老港濂珠"独家专供。黄连,采用正宗的"山阴连"。即使是随处可见的蟾酥,也不能不分季节随便乱取。按规定,必须选择在春夏季节,从渔民手中购入活体蟾蜍,在工场内当着渔民的面,刮下酥浆后放生。如此"环保"做法,既可以使蟾酥来源得到保证,又有利于野生动物的保护。刮下的酥浆,让太阳晒干或文火烘干,使之纯净透明,可以提高药品质量。

图21　雷允上生产的各类药品

提起脍炙人口的阿胶,人们往往想到产自山东东阿县的阿胶。清代,江苏、浙江一带药铺学习东阿的熬胶技术,开始自行熬制阿胶。雷允上也学到了这门绝活,其制作的"雷氏阿胶"——杜煎驴皮胶,同样名不虚传。驴皮的选料,必须活杀后剥取整张纯黑色驴皮。驴子的好坏,以驴尾不下垂为佳。然后,按照传统工序制作。单单一张驴皮的加工,就要从春季忙到秋季。春末,安排专人铲毛。先将原皮浸软,然后铲除正面的驴毛和反面的腐肉,再放入清水中漂净。夏季来临,将驴皮放在阳光下晒干。晒干后的驴皮,片型薄而纯净透明,放在光亮处,可以清楚看到无一点杂质。

秋季,用皂荚水去油污。驴皮存放过当年冬季和次年夏季,在次年的阴历十月才开始熬胶。

熬胶的燃料也有讲究,必须使用栗树柴。熬胶前,先把干透的驴皮用清水浸软,切割成块状。锅内置放竹制衬垫,以防驴皮黏附结焦。皮块投入锅内后,加足水分,在地灶上煎24小时。取得水胶后,把尚未煎完的皮块并入下一次的锅内重新煎汁。将两次取得的水胶混合后放入缸内,用少量明矾和糖料拌和倒入水胶缸内,充分搅拌混合。静置沉淀一夜后,取出缸内上层的胶汁,过滤掉沉淀物。将清胶汁并入大锅中浓缩,先武火后文火熬煎。不时用竹片在锅内搅动,以防结焦。如此操作,前后共花费十多个小时。当浓缩的胶面上出现气泡,用竹片沾液提起,胶液垂挂如旗状时,即成为老胶。将老胶倒入光滑的铜质胶盘内,使其冷却凝固。胶盘置于清洁无尘的房间内,摆放平稳。

次日出盘时,把阿胶放在切胶凳上开出条状,再切成块状,平均每市斤(500克)切成64块。将阿胶块摆放在木板上,钤上朱砂印章。最后,把阿胶块放入竹匾内排列整齐,放在通风干燥的房间内的货架上晾干,晾至半干时翻面再晾。如此,既可以防止外干内潮起霉点,又能避免胶面高低不平造成"塌顶"。贮存时,每二市斤一包放在灰箱内。一般需要储存三年,才能上市销售,这样的陈年阿胶在服用时,就有香气而无异味。雷允上制作的阿胶,业内人士称为"雷片",又称为"陈头清",在南方各省市市场上畅销,很受欢迎,颇有声誉。"北阿南雷",是阿胶的两大著名品牌。

与其他同行的制作工艺不同,雷允上药铺炮制的细料丸散采用独特的"双合"制作工艺。芳香类和含有朱砂类的药品,其特性不宜用火,就采用天然的晒干晾干方法。如紫雪丹的制合,先将寒水石、生石膏等矿物类药材与黄金同煮一段时间,然后合成结晶,最后,再加上金箔才算成品。即使炮制药材的辅料酒和蜂蜜,也有相当的讲究。辅料酒,必须用60度的洋河高粱白酒;蜂蜜,须用地道的紫云英蜂蜜。

苏州历来有冬令进补,服用"膏滋药"的养生习俗。服用者是患有慢性疾病需要长期调理的病人,或年老体弱需要调整修复,以及要求延缓衰老的人员。服用膏滋药的日期,从冬至开始至立春结束。膏滋药可以去药铺购买现成的,也可以请药铺派人上门现场熬制。代客熬制膏滋药,是

图22 熬制膏滋药

雷允上的传统服务项目。接到顾客的服务要求后,药铺预先把需要的膏方药物原料备齐,清洗后浸泡。然后,药工肩挑手提全套用具上门服务。铜锅细筛、大小容器,以及木柴炭火等燃料,一应俱全。参胶细料,让东家一一过目;煎熬炖煮,当面操作让东家放心。一至两天,熬制膏滋药即可完成(见图22)。

熬制膏滋药的主料,分为一般药材和贵重药材。贵重的如人参、西洋参、冬虫夏草等。辅料有胶类(阿胶、鹿角胶、龟板胶)、糖类(冰糖、蜜糖)。一般每料膏滋药用糖量在250克至500克,以矫正苦味改良口感。胶类一般每料用量250克即可。胶料需用黄酒浸泡炖烊,以解除腥味。膏方组成复杂,制作要求较高,熬制方法和过程也非常烦琐。首先,把配置好的一般中药材放在淘箩内用清水洗一遍。接着,把药材放在一个大容器内浸泡一昼夜。然后,才能放在紫铜锅内用武火煎熬。煮沸后用文火再煎一小时,即为"头煎"。随后,把汁液倒入另外的容器中沉淀。捞出的药材,继续加水进行"第二煎",武火煎沸后再用文火煎一小时,汁液倒入容器中混合。"第三煎"也按同样步骤和时间操作。三次熬制的汁液经细筛滤去药渣后,一起倒入铜锅中用文火煎熬,使水分充分挥发,留下需要的膏汁。在此同时,另外把阿胶或龟板胶、鹿角胶等用黄酒浸泡后隔水炖烊,与冰糖一起兑入膏汁内。人参、西洋参、冬虫夏草等贵重药材也不宜同煎,可以用文火另外炖熬,或者研为粉末,在收膏汁时将药液或粉末兑入。如此既可以提高疗效,又能保证贵重药材的充分利用。此时,要用细长竹片不断搅动,以防止膏汁粘底焦煳。当锅内的膏汁出现大大小小的气泡时,就用竹片从锅内捞起膏汁进行测试。如果膏汁在竹片上形成"挂旗"现象,或者滴水成"串珠"形状,即表明膏已煎成。这时,将膏汁倒入用于贮藏的容器中,待冷却后就是膏滋药。必须注意的是,容器的材质,以陶瓷或搪瓷为佳。膏滋药的服用,每天早晨空腹一次,或早晚各一次,每次以一汤匙为宜。空腹服用时,用开水冲化调服。

20世纪80年代,雷允上与名医名企合作,又推出一种抗衰老保健新药——"健延龄"胶囊。老中医施今墨先生,是北京四大名医之一。根据丰富的临床实践经验,他提出了先进的抗衰老理念,随后,制定了五个中药方剂。其中一个综合简化的药方,名"补固神气精血方"。固,固本元;神,调脏腑;精,填精髓;气血,养气血。施家后人经过反复考察,比较多家药厂的资质后,将药方授予苏州雷允上独家生产。雷允上与中国国际信托投资公司合作,运用经典的微丸工艺泛丸后,灌装成独特的胶囊,制成著名的"健延龄"胶囊。1987年,"健延龄"胶囊获得新中国第一个保健药品批文——"卫药健字Z-001号",批文由时任卫生部部长的陈敏章亲自签发。"健延龄"胶囊开中国保健药品的先河。该药问世后,深受广大中老年人青睐。1988年,国家级抗衰老保健新药"健延龄"胶囊荣获国家体委运动营养银奖、全国首届中成药健康杯银奖、全国旅游商品金奖。

如今,雷允上药业公司连锁店还适应时代需要,推出服用方便的"阿胶糕"。这种新品以东阿阿胶、核桃仁、芝麻和冰糖为原料,按照一定比例添加黄酒精心熬制,最后,切成固体小方块盛放在盒内。服用时,如同吃饼干一样放入口中即可。除病祛疾、延年益寿,膏滋药不愧为冬令养生补品。馈赠亲朋好友,"阿胶糕"也是很好的礼品。

名流政要题词多　毁而复得原味现

民国时期的雷允上药铺,凭借诚信经商的良好信誉,以及闻名遐迩的六神丸等名药,在国内外荣获了许多奖项,但与众不同的是:雷允上除了荣获"金杯银杯",还赢得了不同凡响的"书碑"。许多名人不惜笔墨挥毫,争相为雷允上题词赞美。他们的身份,不但有著名的书法家,更有地位显赫的民国政要,包括民国总统蒋介石在内。这些罕见的题词以四字为多,也有多达十六字的楹联。其内容之丰富、形式之多样、书法之精美,堪称"雷允上题词现象"。

题词之所以保存至今,还有一个惊心动魄的故事。1966年,史无前例的"文化大革命"席卷全国。当时兴起的"破四旧、立四新"运动,轰轰烈烈势不可挡。其中的一个重要内容,就是"抄家"。凡是"地、富、反、坏、右"(地主、富农、反革命分子、坏分子、右派)家庭,或者其他政治上有问题的家庭,都被纳入"抄家"的对象。黄金、红木家具、黄色书籍,以及一切有政治问题的资料和书信,都纳入"抄家"的范围。雷氏家族是开药铺的老板,"抄家"当然也不例外。蒋介石等民国政要,毫无疑问都是赫赫有名的"反面人物",他们为雷允上药铺题的词,难道不是"反革命"的罪证?"造反派"一旦查到这些东西,后果不堪设想。于是,雷家"先下手为强",赶紧把这些"反革命"题词统统烧光。

粉碎"四人帮",十年动乱结束,社会秩序才走上正轨。过后,雷家想到这批珍贵的题词被毁,觉得非常可惜。谁知,一个意外的惊喜突然出现:雷家翻箱倒柜仔细寻觅,终于找到了梦寐以求的一批老照片。原来,当初的有心人雷嘉义以防万一,事先将这些题词用照相机拍了下来。这正是"山重水复疑无路,柳暗花明又一村"。于是,雷家立刻聘请书法家,模仿名流政要的笔迹,将这些宝贵的题词原汁原味复制出来。它们尽管不是原件,却同样可以证明曾经的一段历史。

一个有趣的现象是:一些名流政要的题词中,都出现"韩康"这个人名。原来汉代有一个名叫韩康(字伯休)的人,他精通医术,以采药卖药为生。当时的药材市场上,常常有卖药者以次充好、以假乱真。因此,顾客经常为之讨价还价,争执不下。但是,韩康所卖的药都货真价实,顾客从不还价。韩康说:我的药值多少钱就卖多少钱,这叫作"真不二价"。病人服了韩康的药,果然见效快疗效好。于是,"韩康真不二价"的美名传开,他的生意越做越好。此后,许多药铺都在店堂内悬挂"真不二价"金字匾额,表明自己诚信经商,药材价廉物美。古代匾额题词从右到左,如果从左面读,就变成"价二不真",两者异曲同工。口口相传,"韩康"就成为"货真价实、童叟无欺"的代名词。中药行业将此作为诚信经商的准绳。

民国时期,与雷允上相关的名人题词主要有以下几个。

于右任题词——"市圣韩康"

于右任是民国时期第一个为雷允上题词的重量级政要。于右任(1879—1964年),陕西省三原人,早年参加孙中山领导的同盟会,被誉为

"国民党元老"。他是中国近代政治家、书法家、教育家。同时,他还是民国四大书法家之一,中国近现代高等教育奠基人之一。民国十七年(1928年)秋天,于右任和友人来苏州邓尉山游览赏桂。归舟木渎时,于右任在石家饭店品尝了名肴"鲃肺汤",写下了一首流传至今的小诗,诗中有"多谢石家鲃肺汤"之句。但鲜为人知的是:于右任第二天还去了苏州城里的雷允上药铺,买了六神丸。当店家得知对方就是国民党元老于右任时,恳请留下墨宝。于是,于右任兴致勃勃大笔一挥,题写了"市圣韩康"。这里的"市",指买卖。题词把雷允上比喻为"卖药圣贤韩康"。

蒋介石题词——"美媲韩康"

蒋介石(1887—1975年),名中正,浙江省奉化县溪口镇人,中国近代著名的政治家、军事家,曾任国民政府主席、国民政府军事委员会委员长、中国国民党总裁、中华民国总统。蒋介石一生的功过是非,后人自有评论。"美媲韩康",题于民国二十二年(1933年)二月。题词的原因颇有戏剧性。有一次,蒋介石的夫人宋美龄生病,服用了雷允上的六神丸后,病情很快好转。听说于右任曾为雷允上题词,叫作"市圣韩康"。了解了题词内容后,蒋介石也附庸风雅,欣然为雷允上题词"美媲韩康"。(见图23)

图23 "美妣韩康"题词

张学良题词——"利济疮痍"

张学良(1901—2001年),字汉卿,辽宁省鞍山市台安县人,中国近代著名的爱国将领。张学良是奉系军阀张作霖的长子。他和杨虎城将军一起,发动了震惊中外的"西安事变",促进了国共第二次合作,为结成抗日民族统一战线立下了功劳。张学良题词采用的字体,不知出于什么原因(或许是显示自己的才能),与众不同。其他名流政要题词的字体,多为楷书、行书和行草。张学良却采用一般人不懂、被称为"天书"的篆书。

"利济疮痍"的意思是:名药有利于治疗疾病。

林森题词——"神农遗泽"

林森(1868—1943年),原名林天波,字长仁,福建闽侯县人,中国近代著名的政治家。1931年,他接替因"九一八事变"下野的蒋介石,担任国民政府主席。当时发行的钞票上,印有林森的头像。神农,即神农氏,一说神农氏即炎帝。相传,神农氏亲自采百草给百姓治病。民间把神农氏尊为药王。"神农遗泽",意为雷允上药铺传承神农遗风,为百姓带来恩泽。

此外,还有不少赞誉雷允上的题词也堪称经典,比如:"蜚声中外""杏林春暖""丹砂济世""仁心济世""功深济世"等,不胜枚举。(见图24)值得称颂的是:中华人民共和国成立后,原卫生部部长陈敏章,有感于雷允上将六神丸秘方献给国家,欣然题词:"名声如雷,允称上乘。"题词巧妙地将"雷允上"嵌入其中,令人拍案叫绝。

雷允上药铺的这些名流题词,保留至今弥足珍贵,无疑也是一笔不可多得的精神财富。

图24 "蜚声中外"题词

名将结缘雷允上 总统病服六神丸

在雷允上药业公司提供的内部书面材料中,保存着两份知者不多的资料。一份是有关民国将领冯玉祥的,另一份是有关美国总统罗斯福的,两人都因为六神丸与雷允上结下不解之缘。可惜,前一份资料没有标明出处,后一份资料虽然标明选自《四川中医·漫话世界名药六神丸》,但没有标明具体年份和期号。现加以补充整理如下:

冯玉祥(1882年11月6日—1948年9月1日),原名基善,字焕章,原籍安徽省巢县(今巢湖市),生于直隶青县(今河北省沧州市)。中国国民革命军陆军一级上将、西北军阀首领,有"爱国将军""基督将军""布衣将军"等称呼。1934年5月,冯玉祥在张家口组织察哈尔民众抗日同盟军,任总司令。其间,同盟军与日寇浴血奋战,收复多处失地,给日寇沉重打击。1937年抗日战争全面爆发后,冯玉祥担任第三和第六战区司令长官、国防最高委员会副委员长、军政部部长等职务。1948年7月31日,他应中共中央邀请,参加中国人民政治协商会议筹备工作,从美国乘坐轮船回国。9月1日,冯玉祥因轮船失火不幸遇难。

冯玉祥的夫人李德全,出身于平民家庭。她从小就喜欢中医中药,能辨识许多中草药。长大后就读于京师女子协和大学,毕业后担任过教师。结婚后,她不愿意放弃自己的专业与爱好,毅然从戎入伍,担任冯玉祥的保健医生和部队医官。有一次,冯玉祥在部队召开军事座谈会,研究抗日战争的形势问题。有一位军需官提出了后勤医药保障问题:当时的中国国力比较羸弱,医药卫生基础差。抗日战争全面爆发的可能性极大。未雨绸缪,应该着手考虑,在后方建立一个保障药品供应的后勤基地。李德全在这方面是内行,不妨请她调研一下。

得到冯玉祥的首肯后,李德全立刻开始调研,选择适合的药品。当地的一些药商得知这一利好消息后,千方百计打通关节走门路。但李德全认药不认人,严格把好药品采购质量关。雷允上诵芬堂所产的六神丸,内服外用都有奇效。1915年,六神丸在巴拿马万国博览会上荣获金奖。但当时市面上鱼龙混杂,冒牌的六神丸也不少。耳听为虚,眼见为实,李德全不顾当时天气寒冷,乘飞机赶往苏州实地考察。经过仔细调研,她才放下心来,与雷允上诵芬堂签订了长期购药合同。采购的药品以六神丸为主,此外,还有蟾酥丸、红灵丹、诸葛行军散等名药。听了"诸葛行军散"的得名来历后,李德全很感兴趣,又追加了该药的采购数量。从此,冯玉祥将军就和雷允上结下了不解之缘。

此后,还发生了一个有趣的小插曲。有一次,冯玉祥吃鱼时,不小心被鱼刺刮破喉咙,导致喉咙流血肿胀,吞咽困难,夜不能寐。第二天,当冯玉祥准备去医院开刀时,李德全突然灵机一动,尝试让丈夫服用六神丸。很快,冯玉祥的喉咙就止痛了。消肿后,进食和以前一样。从此,冯玉祥将军对神奇的六神丸刮目相看,倍加赞赏。在一次酒席上提起此事时,感慨万分的冯玉祥忽然诗兴大发,立刻吟了一首五言诗:"南有雷允上,北有同仁堂。誉满我神州,姑苏雷允上。"诗句虽然做得不算好,却是他真实感情的自然流露。

雷允上的六神丸,不但在国内享有盛誉,还漂洋过海传到美国,缓解了美国总统罗斯福的病痛。富兰克林·德拉诺·罗斯福(1882年1月30日—1945年4月22日),美国第32任总统,同时,还是美国历史上唯一连任四届(第四届未任满)的总统。他在20世纪的经济大萧条和第二次世界大战中扮演了重要角色,是"二战"期间同盟国阵营的重要领导人。1941年"珍珠港事件"发生后,罗斯福力主对日本宣战,对塑造战后世界秩序发挥了关键作用,居功至伟。他被评为美国历史上最伟大的总统之一,与华盛顿、林肯齐名。

1945年2月4日至11日,美国、英国和苏联三个大国在黑海北部的克里木半岛的雅尔塔皇宫内举行了举世闻名的雅尔塔会议。这是一次关于制定"二战"后世界新秩序的重要首脑会议。美国总统罗斯福在参加会议的前一阶段已经得病,肺部受到感染,出现咳嗽、喉痛等症状,服用西药治疗多时也不见疗效,健康状况令人担忧。一旦罗斯福无法参加会议,其后果可想而知。美国驻华大使赫尔利得知后,经大使馆中方翻译推荐,选购了十盒雷允上制作的六神丸,飞速赶回美国。罗斯福总统起先将信将疑,但服用后症状大大缓解。如此,他才能作为不可或缺的领导人,顺利参加雅尔塔会议。会议结束后不久,盟军就顺利击败法西斯阵营的德国、意大利和日本,第二次世界大战结束。

谁也没有想到,举世瞩目的雅尔塔会议,无形中成为现身说法宣传六神丸的重要平台。搭建这个平台,雷允上没有花一分钱广告费,罗斯福也没有拿到一分钱代言费。这一笔生意,做得太划算了。从此,雷允上的药品享誉海外,牢牢占领了多个海外市场,包括六神丸在内的药品逐渐扩销到80多个国家,主要有:亚洲的伊朗、伊拉克、印度、阿富汗、斯里兰卡,欧洲的苏联、波兰、德国、罗马尼亚、阿尔巴尼亚、意大利、瑞典、丹麦、挪威,美洲的美国、加拿大,大洋洲的澳大利亚、新西兰,以及非洲的苏丹、埃及等。

文物贩子施诡计　廉价骗得青花瓷

这是一个真实的故事。

俗话说得好：盛世收藏热。20世纪80年代气象更新，改革之风频吹。迈向小康社会的人们，物质生活开始充裕，社会上兴起了一股收藏热潮。一些嗅觉灵敏的文物贩子，从中嗅到了可观的商机。这些俗称"铲地皮"的文物贩子，尽管文化程度不高，对文物好坏却有一番研究。他们往往单打独斗"各自为政"，走村串户寻寻觅觅，低价收购一些当时还不被看好的"老古董"。那些不起眼的青花瓷、铜脚炉、竹刻笔筒到了文物贩子手上，用放大镜仔细看一看，拿在手中认真掂一掂，就会掂出其中的"分量"。于是，花言巧语一番，这些颇具文物价值的老古董，就被他们花几个小钱买下。转手，他们将价格翻上几倍甚至几十倍出售，从中获取丰厚的利润。更有少数不法之徒，事先踩点，趁着月黑风高当"宵小"，把村里古井上的青石和花岗石井圈盗走。

话说有一天，一个名叫张丰的文物贩子，来到苏州郊外的一个村庄。当天，他的运气不好，从早上直到中午，还是两手空空一无所获。失望之际，他的眼睛突然一亮。前面一户人家的门前，一只花猫正在食盆旁边，津津有味地吃着午餐。于是，张丰快步走过去，借口向房东问路后，坐在门口的小板凳上休息。问房东刘好婆要了一碗开水，他拿出饼干充饥，眼睛却全神贯注地盯着地上的猫食盆。刘好婆以为他在看猫，便问了一句："你也喜欢这只猫？"张丰感到奇怪，一愣，话到嘴边突然改口："是的，我就喜欢这只漂亮的花猫，你可以卖给我吗？"房东不肯。于是，他蹲下身子与花猫亲热起来。利用这个机会，把猫食盆仔细观察一番后，证明自己没有看走眼。抱起花猫，他从口袋里掏出50元钱递给房东："好婆，你看这只猫就是对我有感情，卖给我吧。"刘好婆想不到一只猫竟然这值钱，就一口答应了。临走，他似乎想起什么，又对房东说："好婆，这只食盆是花猫熟悉的，也让我带走吧。"刘好婆大方地把手一挥："一只旧盆有啥稀奇，拿去吧。"

张丰如获至宝，赶紧大步流星离开。在一个无人的僻静处，他迫不及待地拿出猫食盆再做鉴定。原来，这只碗状的敞口食盆，是药店研磨药材

图25　诵芬堂雷药坛

使用的瓷盂。瓷盂周身绘有精美的山水图案,一侧有落款"诵芬堂雷",盂底还有一方落款"姑苏阊门内天库前"。(见图25)从落款可以明确判断,这是雷允上国药店使用的瓷盂。雷允上国药店于雍正十二年(1734年)在天库前周王庙弄口开设,其时已有200多年历史。张丰欣喜若狂,将花猫从背包里取出,往地上一扔:"回去吧,我哪有时间侍候你!"

再说,房东刘好婆看到自己的花猫突然回来,感到很奇怪:"这个人真粗心,怎么把花猫弄丢了。"过后,老人又情不自禁沾沾自喜:一只破盆卖50元,太合算了!过了一星期,远在外地读大学的外孙放暑假回家。刘好婆得意洋洋,向外孙讲起高价卖猫得便宜一事。谁知,外孙听完大惊失色:"外婆,你傻了,怎么拿屋里的老古董送人?"原来,刘好婆丈夫的祖上曾经在雷允上当伙计。后来,他年老离开药店时,雷老板拿出一只他本人使用过的瓷盂,送给伙计留作纪念。文物贩子张丰来之前,原来的猫食盆不小心被打碎了。因为研磨药材的瓷盂质地厚实,不容易摔坏,于是,刘好婆就从橱柜翻出这只尘封的瓷盂代替。现在,得不偿失,刘好婆后悔莫及。

狡猾而精明的文物贩子声东击西,演出了一曲"得盆还猫"的把戏。这与古代的"买椟还珠",倒有几分相似。

第四章
文物篇
——百年老店存遗构

建筑是凝固的音乐,建筑是民族的记忆,建筑是立体的教科书。与众不同的雷允上百年老店,不但传承了非物质文化遗产,还留下了一笔宝贵的物质文化遗产——精湛的建筑物。这些保存至今的建筑,已经被文物局列入各级保护名录。其中,庙堂巷近代住宅(雷氏别墅)、西中市诵芬堂药铺被列为苏州市文物保护单位;包衙前诵芬堂雷宅(雷氏老宅)被列为苏州市控制保护建筑。此外,还有四处"雷氏建筑"虽然不存而未能列入保护名录,但也值得一提。它们是:位于西麒麟巷的雷氏宗祠、位于天库前的觉园、位于通和坊34号和36号的雷氏花园、位于刘家浜32号的雷宅。

庙堂巷雷氏别墅　　西式洋楼称经典

雷氏别墅位于姑苏区庙堂巷8号,建于民国二十四年(1935年)前后。别墅主人为雷显之,从1958年起,产权变更,由上海外贸休养院使用并负责保护管理。1991年,雷氏别墅因其精湛的建筑特色,以"庙堂巷近代住宅"的名称,被文物局列为苏州市文物保护单位,编号为0140号。

雷氏别墅的遗址,原来为"陆包山祠"。陆氏为苏州的名门望族。南宋嘉定十二年(1219年),陆元阳、陆元钰兄弟自无锡移居苏州太湖西山岛(俗称"包山"),分别住在"涵村"和"后埠"。明代"吴门画派"画家陆治(号包山子),就是西山人。陆治是一位效法陶渊明,追求"采菊东篱下"的隐士。他把数百亩良田捐给陆氏宗祠后,就长期隐居在"支硎山"写生。去世后,族人将宗祠改名为"陆包山祠"。享堂内,供奉陆治牌位和画像。

20世纪二三十年代,西风东渐,具有欧式风格的西洋建筑被引进了中国。这些使用钢筋和水泥等时髦建材建造的近代住宅,俗称"洋房"或"洋楼"。其设计图纸由上海建筑设计师设计,上海或苏州的营造厂(营造厂是民国时期的专用名词,相当于现在的建筑工程公司)根据图纸施工建造。乐于接受新思潮的雷氏族人,也大兴土木建造洋房。民国二十三年(1934年),位于西中市的药铺、位于庙堂巷的雷氏别墅等,差不多同时开工建造。同时,位于包衙前的雷氏老宅也进行改建,翻造了气派的洋房。

雷氏别墅的宅主,名雷学乐,毕业于上海大同大学外文系,曾在苏州女子职业中学任教。民国十六年(1927年),经过族人推荐,雷显之出任上海雷允上诵芬堂经理。他是顾笃璜(怡园顾家)的堂姐夫。民国二十年(1931年),吴县商会设立"国货委员会",商会主席张寿鹏等人发起筹建"苏州国货商场股份有限公司"(苏州人民商场前身)。雷显之是主要股东之一,当时持有公司股份有200股之多。他与其兄雷征明(苏州诵芬堂经理)合著了《雷允上诵芬堂丸散饮片全集》。

雷氏别墅占地2600平方米,坐北朝南。其布局为西园东宅:西部建造苏式庭园,东部设置西式住宅,两者中西合璧相映成趣。庭院仿照苏州古典园林格局,栽花植树,叠石掇山,建亭设轩。卵石甬道蜿蜒于池畔。倒映蓝天白云的池中,金鱼摆尾嬉游于睡莲。现在,原有庭院已不存。

1958年,雷氏别墅归上海外贸休养院使用,供有关人员在此疗养。为了增加住房,原有的庭院被废除后,建起了现代化的疗养大楼。1992年至1993年,外贸休养院在洋楼的南面,辟建一座苏式小庭院。庭院中部,是一条供出入的水泥块道路,两侧为葱郁的绿地。绿地间,栽植翠竹、桂树、棕榈等花木。石笋、湖石,以及陶质的圆桌圆凳,点缀其间。一座玲珑雅致的小亭,形制为六角攒尖顶,因其形似头上戴的斗笠,名"笠亭"。亭顶覆盖考究的琉璃瓦,檐下悬挂灯笼,围以精美的挂落。柱间连缀砖细面栏杆,可坐下休息并观景。

现在的东部住宅,仍保留着当时原貌。西式两层洋楼,面阔三间,外立面呈凹字形,即当中的明间朝内缩进,形成走廊,东西两侧的次间朝外凸出。明间走廊前设置台阶,大门为落地玻璃长窗。楼上楼下,两侧各配置两根罗马柱,上下贯通共八根,排列整齐间隔有序。罗马柱为科林斯柱式,最早出现在希腊雅典的宙斯神庙。漆成红色的罗马柱,通体圆形,表面无沟槽,柱头装饰涡卷形花纹。楼上走廊兼作阳台,悬挂红灯笼,配置铁艺栏杆,可倚栏赏景。楼上分隔为多间起居室,内设"假三层",辟老虎天窗三扇。屋顶覆盖红色平瓦。

东西次间的外立面,向外凸出呈梯形。墙上排列木框玻璃短窗,通风采光较理想。楼前栽植的两株棕榈树高大挺拔,走廊摆放的两盆铁树郁郁葱葱。绿树和红色的罗马柱色彩对比鲜明,更增添了盎然生机。纵观此楼,平面布局简洁,立面素雅整齐,内部功能合理,室内地板、泥墁等构件装修考究质量较高。

西中市雷氏药铺　古城寻宝结硕果

雷允上诵芬堂老药铺,位于古城区阊门内西中市134号,始建于民国二十三年(1934年)。2004年,为了更深入地挖掘苏州古城丰厚的文化底蕴,苏州市文物局、苏州日报社等单位共同策划,联合发起"联丰杯古城寻宝大行动",动员广大市民积极参与"寻宝"。寻找的"宝物",是在当时的大市范围内,尚未列入各级保护名录、具有一定历史价值的古建筑和近代建筑。活动结束后,经文物局专家鉴定,诵芬堂药铺作为民国建筑的优秀代表,以其宝贵的历史价值和建筑价值,跳过"控制保护建筑"等级,直接列入苏州市文物保护单位名录,序号为0165号。

这座建筑风格中西合璧的老药铺,美轮美奂。石库门顶部外立面,为立体感很强的山峰式造型。这种造型,为当时民国建筑风格的一个显著特征。外立面上端,有石刻阳文"雷允上"三字。这三个遒劲雄浑的擘窠大字,出自江苏武进书法家唐驼手笔,至今历劫不磨。石库门两侧,悬挂两块长方形铜质招牌,其一为"诵芬堂雷允上精选正药",其二为"诵芬堂雷允上阿胶丹丸"。

进门,是一座狭长的天井。站在天井中间抬头仰望,可以透过楼顶的玻璃天棚,看到蓝色的天空。当时,药铺还采用油灯和蜡烛照明,每逢阴雨天,即使在白天也显得昏暗。如此设计,可以利用天井这个空间采光,满足各个楼层的采光需要。其功能与传统住宅屋顶的"老虎气窗"类似,故俗称"老虎天井"。这种"老虎天井",是当时洋房建造的一种模式。

天井北面为宽敞的过道。过道上方,坐落着二楼和三楼的房间。朝南一面,设置"卍"字栏杆及结子(用木头制成的雕花饰件),配置玻璃窗。栏杆下悬挂一块"仰尘"(牌匾),题为"雷允上老药铺"。(见图26)店内当时还有两副楹联。一副为清代光绪年间的左孝同所书。左孝同是大学士左宗棠之子,时任江苏布政使。可惜,楹联内容已失。另一副楹联为书法家程翰卿所书,联曰:"葛令移居勾砂难老,韩公隐市笼药无欺。"葛,指名医葛洪;韩,指诚信经商的韩康。楹联歌颂了雷允上药铺药品货真价实、经营诚信无欺的经商理念。过道北面,又是一座"老虎天井",风格和制式与前面的天井完全相同。过了这座北天井,才是药铺的店堂。顾客前来，就在店堂的柜台旁配药取药。

图26　雷允上老药铺牌匾

店堂北面连接后楼。后楼其实不是四层，而是带有晒台的"假三层"。底层辟为门诊室，医生在此坐堂接待病人。门诊室北面紧贴上塘河河岸。药铺购买的中药材可以通过水道运来，非常方便。楼梯设置在店堂和后楼的底层中间。楼梯为传统的木构楼梯，比较陡直。宽敞的水泥晒台设置在后楼的第三层上面。晒台既可以晾晒衣物，也可以晾晒药材。

1957年4月，雷氏后人雷南荫将药铺房产献给国家。1999年，政府拨款在西中市和东中市重建"民国一条街"，诵芬堂药铺恢复传统特色。现在的诵芬堂药铺，依然保持当年的民国建筑风格。门前右壁，镶嵌一块大理石标志牌，为苏州文物局设置。标志牌上镌刻两排字，上排"苏州市文物保护单位"，下排"雷允上诵芬堂药铺"。（见图27）

图27　苏州市文物保护单位：雷允上诵芬堂药铺

前楼外观三层。整个外立面造型丰富多彩。石库门配以花岗岩条框。两扇对开木门包裹铁皮，用铆钉装饰出"雷允上老药铺"六字。门两侧悬挂一副黑底金字楷书楹联，上联为"雷允上精选正药",下联为"雷允上丸散膏丹"。
(见图28)门楣上有石刻阳文"雷允上"三字题额,是当年遗留下的。长方形石刻边框下部装饰花边,至今完好无损清晰可见。"文革"时期,红卫兵"破四旧",准备铲掉"雷允上"三字改换新名称。药铺职工知道后,赶紧在石刻上覆盖时髦的红纸,上书"毛主席万岁"。如此,才保留了珍贵的石刻。

大门的门楣上部,四根凸出的壁柱间隔有序。壁柱间,排列玻璃外窗,上下各三扇。最上层的边框,用对称的多条斜线勾勒出"山"字造型。推门进去,南天

图28 雷允上诵芬堂

井依然可见,北天井已经被吊顶遮住。如今,前楼底层辟为药店售药。旁边的升降机设施已经关闭。以前,曾经用升降机从楼上传递药品到楼下店堂。原来的老楼梯已经不用,右侧新设的楼梯可至楼上。后楼的各个房间空关,堆放着一些杂物。三楼上,当年煎熬膏滋药用的水龙头还可以看见。

弥足珍贵的雷允上诵芬堂药铺保存至今,是民国建筑的一个经典。

包衙前雷氏老宅 中西合璧形制奇

苏州姑苏区,有一条名叫"包衙前"的小巷。老巷历史悠久人文荟萃,有不少建于清代的老宅。其中的20号和22号,为建于清代晚期的雷氏住宅。(见图29)其具体建造年代不详,未见有关史料记载。据雷氏后人介绍,老宅是在诵芬堂药铺的创始人雷允上故居的遗址上建造的。如此,老宅传承了可贵的历史文脉,保留了不少原真性的信息。现在,老宅除了小部分房屋的产权归雷氏后人所有外,其余的大部分产权归住建局

图 29　诵芬堂雷氏住宅

所有。如今,老宅已辟为多户人家共同居住的大杂院。老宅以"诵芬堂雷宅"的名称列入苏州市控制保护建筑名录,编号为 048 号。

在改建老宅的过程中,与时俱进的雷氏族人引进西方建筑风格,增添了一些西洋建筑和构件。改建的时间,应当在民国二十三年(1934 年),与建造西中市诵芬堂药铺、庙堂巷雷氏别墅同步。保留至今的堆塑门罩、院内影壁、双层落地长窗,以及美轮美奂的罗马柱洋房,堪称其中的经典。

老宅朝南的外墙上,设置东、中、西三座门。东门和西门为传统的石库门,体量较小。大门设置在中路,体量较大。原来的大门,是一座具有西洋风格的镂空铁艺门,两侧用长方形花岗石门柱连接。现在,两根石柱仅存一根,铁艺大门用木门代替。门的上方设置拱形堆塑,塑有花卉图案。进门,原来为一座苏式庭院。庭院内栽花植树,叠石掇山,疏池理水,颇具山林野趣。庭院两侧设门,可以通往东路和西路。如今,庭院已废,遗址上搭建起房屋。2007 年夏季,庭院北面的老屋在连日梅雨中不幸倒塌。倒塌的房屋虽然也列入"控保建筑"范畴,但产权分属于几房雷氏后人所有。由于产权主人长期居住在外地,且年事已高身患重病,根本无力承担房屋维修的费用。无奈之下,有关部门只能将危房拆掉。至今,废墟一堆令人扼腕叹息。

老宅东路的外墙,为青砖"扁砌墙"。墙面的上层开设木格玻璃窗,花岗岩条石为框,具有典型的西洋风格(下层窗户为后来开设)。外墙的东侧设置一座石库门,为比较少见的砖雕门罩制式。屋檐为纹头脊,中间塑花卉图案,檐顶铺花边滴水瓦。"文化大革命"中"破四旧",门罩上枋的人物和花卉图案以及中枋的字额均被铲除,留下无法弥补的遗憾。

东路的房屋,底层是用来存放药材的"货栈",楼上是外地药商临时居住的"客栈"。推开陈旧的木门,门后的一个"天落撑"仍在使用,继续发挥着余热。所谓"天落撑",是一根长长的方形木棍,截面约20平方厘米,拿在手里很沉重。两扇木门关闭后,拴上门闩,然后,用"天落撑"的一头顶住门闩中间的下沿,另一头斜放插入地面的凹槽内。如此,"天落撑"、木门和地面形成一个稳固的直角三角形,具有很强的防盗作用。第一进是开敞的门厅,北面不砌墙,是堆放柴草的仓库。仓库北面小天井的院墙上,设置一堵砖细影壁。这种影壁不在大门外而在大门里面,比较少见。影壁围以长方形边框,通体以磨细方砖斜角贴砌,朴实无华没有雕刻图案,给人留下了想象的空间。

从小天井往西,是一座四面围合的走马楼。(见图30)中间的花岗岩

图30　包衙前雷宅走马楼

石板庭院,宽 8.7 米,长 4.8 米。前后两进堂楼,均为面阔五间 13.3 米,进深 19 米。条石台阶、青石鼓墩、落地长窗、金砖铺地、扁作梁,尽显香山帮传统建筑风采。第二进堂楼前,原来设置通长走廊,现在仅留下东西两端各一角。堂楼东北角,还有一座典雅的小庭院。庭院内一口水井,井栏为花岗石,形制为内圆外六角。井水清冽,至今仍可使用。

  西路门牌号码为 22 号,前后共三进堂楼,为雷氏主人一家居住之处。外墙上,镶嵌一座传统风貌的石库门。花岗岩条石门框内,配置两扇对开木门。进门,门后面有传统的"天落撑"。第一进堂楼面阔三间,东侧设置陡直的木构楼梯。它和第二进楼房围合成一座走马楼,中间为庭院。两侧厢房的走廊,原来围以精美的铸铁栏杆。1958 年"大跃进",全国各地响应政府号召,兴起不切实际的"大炼钢铁"运动。厢房被毁,好端端的铸铁栏杆也被无情拆除,丢进了化铁炉。如今,两侧厢楼已经不存。庭院东面墙上镶嵌书卷形的砖额,题"迎曦"两字。西面的书卷形砖额,题"玩月"两字。第一进堂楼的北墙上,不是设置传统的砖雕门楼,而是设置与众不同的堆塑门罩。门罩上方,有一个用三角形边框围合的堆塑图案。中间的两个人物,塑成传统的"和合"二仙模样,栩栩如生。四周装饰着花带和花篮。下枋有松树、花边等装饰图案。

  第二进堂楼,楼前有檐廊,檐下镶嵌精美的雕花挂落。木构方柱下部,配置对称的方形花岗石柱础。朝南一排落地长窗,下部为全木裙板,上部为配置木格图案的玻璃窗。室内地面铺设方砖,均为原物。从东侧楼梯拾级而上,可至二楼。楼上朝北一面与众不同,设置一排双层落地长门,分为形制不同的外门和内门。外门为叶片可以移动的木构百叶门,内门的上部为玻璃窗,下部配置木构裙板。玻璃上的花卉图案有浮雕感。这种双层落地长门具有典型的西洋风格,在民国建筑中很少见到。

  第三进为西式洋楼,旧貌依存。楼上楼下,东西两侧各有一根罗马柱,上下贯通间隔有序。罗马柱上细下粗,表面有凹槽,顶端装饰毛茛叶,形似装满花草的花篮。底层设置落地玻璃长窗,镶嵌木格钱币图案。檐下镶嵌挂落,垂灯笼短柱。室内方砖铺地,泥幔吊顶,中间装饰成多层同心圆图案。为了采光需要,二楼朝南的传统木窗已改建为现代化的铝合金窗。

  第三进洋楼的东西两侧,各有一个小天井。东面的小天井内,有一眼花岗石水井,形制为圆形,上口略小,井水清冽仍可使用。西面的小天井内,设置一架固定的露天楼梯。楼梯用水泥制作,配置铁栏杆扶手。拾级而上,可到顶层的阳台。这种用水泥浇筑的方形阳台,面积较大,俗称"晒台"。它既可以晾晒衣服和其他物品,又能居高临下驻足赏景。

宗祠觉园古建多　遗构虽无仍留名

民国十年(1921年),雷氏家族在西麒麟巷12号设置雷氏宗祠,并且购置田地作为公共财产。祠堂前设置照壁,祠内有门厅、享堂、附房等建筑。享堂内供奉雷允上和其他先祖画像。每年清明、冬至和春节前,雷氏族人就聚集在享堂内,点燃香烛祭拜先祖。每年,雷允上药铺都拨出一部分营业利润,加上田产的收入,作为祠堂的各项必要开支。这些开支中,有的用于社会救济,如帮助贫困儿童入校读书。中华人民共和国成立后,雷氏祠堂收归国有,为苏州医疗用品厂使用。因为扩建厂房需要,祠堂全部拆除,仅存门前的照壁。现在,照壁也不存。

觉园在天库前,位于原雷允上药铺的仓库北部。这座传统庭园住宅,系雷传钰所有。因为雷传钰字"善觉",住宅就起名"觉园"。花园内,堆叠精美的假山,山顶设置小巧的六角亭。香樟、桂树等花木点缀其间。围以嶙峋湖石的水池,金鱼戏莲。令人惊奇的是:该水池虽然并不连通外河,但是一到冬天,鱼儿就消失得无影无踪。可是,一到春暖花开时节,鱼儿又奇迹般地出现。后来,有人偶然发现了秘密:假山下藏着三口水井。原来,水井不但可以为水池提供活水,还能让鱼儿在冬天躲到水井里取暖。苏州古典园林的水池特色,由此可见一斑。中华人民共和国成立后,觉园收归国有,成为房管局的直管公房。为了解决房源安排更多的住户,觉园拆毁、假山填埋、水池扩建。从此,精美的花园不存。

位于通和坊内34号、36号的雷氏花园,原来系建于清代道光年间的雷子纯故居。故居颇具规模,为传统香山帮建筑。其格局为三落五进,有砖雕门楼二座。美轮美奂的大厅,配置十八扇落地长窗,镌刻花纹古朴典雅。梁枋上彩绘精美,图案为讨吉利口彩的莲花。粗壮的木柱下,设置坚固的石质柱础。砖雕门楼,设置在门厅和轿厅的后墙上。一座门楼题额"介尔景福",上款为"道光癸卯春月"(1843年),下款具名"施钰书",字迹清晰。另一座门楼题额"子孙保之",落款已不存。花园内栽花植树、叠石掇山。卵石甬道间,石笋点缀。花园虽小,却颇具园林野趣。此外,宅内还有精美的砖刻四方。其中,两块镌刻人物图案,一块镌刻荷藕图案,另一块镌刻仙桃和如意图案。抗战时期,雷氏后人迁居上海。房产归属一分为二:东路房屋(34号)几度易主,后归汪氏,称为"汪宅";西路房屋(36号)在抗战胜利后几经转让,归夏氏所有,俗称"夏宅"。1956年,夏宅收归国有,作为苏州市医药公司的仓库。1994年,因为干将路拓宽,汪宅与夏宅均被拆除。拆除下来的梁架、长窗、柱础等建筑构件,"发挥余热"移作其他用处。如今,在原来雷宅的遗址上,建起了现代化的通和新村。

此外,位于刘家浜32号的雷宅,现在也因市政建设需要,被拆除而不存。

附录一
雷允上百年纪事(1734—2015年)

1734年(清雍正十二年)

雷允上国药店正式开业,地址在阊门内天库前(周王庙弄口)。

1779年(清乾隆四十四年)

雷允上因病去世,享年84岁。

1803年(清嘉庆八年)

雷桂(秋涛)制定并完善诵芬堂的规章制度,史称"秋涛立规",主要内容有《订准章程》和《分拨店业书》。

1860年(清咸丰十年)

太平军击败清军占领苏州,俗称"庚申之变"。经营126年的诵芬堂国药店被战火付之一炬。

1863年(清同治二年)

苏州战乱结束。雷莲伯、雷庆和等人选择西中市都亭桥堍临时租房先行复业。过后,雷子纯、雷磐如等人在上海兴圣街(今上海人民路永胜街)开出药铺分号,名"雷允上诵芬堂申号"。从此,雷允上药铺由一家变为两家。

1864年(清同治三年)

六神丸问世,远销东南亚一带,被视为"神药"。

1872 年（清同治十一年）

诵芬堂在原来药铺遗址（天库前残屋）上重建货栈和作坊。

1876 年（清光绪二年）

诵芬堂再次在原来药铺遗址（天库前残屋）上重建货栈和作坊，逐步扩大规模。

1900 年（清光绪六年）

6月，经过雷氏家族共同商量，制定了"中兴之策"合议书。

1915 年（民国四年）

六神丸荣获第一届江苏省地方物品展览会一等奖奖状、奖章。

1916 年（民国五年）

六神丸荣获农商部物产品评会奖状、奖章。

1919 年（民国八年）

雷允上营业额达239000余两银，业界始有"北有同仁堂、南有雷允上"之美誉。

1928 年（民国十七年）

6月，雷允上诵芬堂向民国政府全国注册局登记，领取两份营业执照，分别为苏州雷允上诵芬堂、上海雷允上诵芬堂（支店）。

9月19日，注册六神丸"九芝图"牌商标。

1929 年（民国十八年）

六神丸荣获工商部国货陈列馆奖章。

1930 年（民国十九年）

六神丸荣获西湖博览会奖状、奖章。

1931 年（民国二十年）

六神丸荣获实业部国货陈列江苏特产博览会奖状。

1934 年（民国二十三年）

雷允上诵芬堂于上海河南北路开设新店，命名为雷允上诵芬堂北号，原处上海人民路的雷允上诵芬堂改为分号，苏州雷允上诵芬堂定为总号。

1956 年

1 月，全国各地响应政府号召，对工商业实行社会主义改造。中药行业归口药材公司，实行全行业公私合营。1 月 17 日，雷允上实行公私合营。

雷氏家人捐献六神丸秘方给国家。国家卫生部将六神丸列入国家珍贵药品保密品种。

1958 年

雷允上药店改名为雷允上制药厂。

1966 年

10 月，雷允上制药厂改名为苏州中药厂。

1978 年

苏州中药厂恢复原名雷允上药店。

1979 年

雷允上六神丸获国家质量金奖。

1983 年

消炎解毒丸获国家质量银奖。

1984 年

雷允上六神丸获国家质量金奖。

1986 年

大活络丹荣获江苏省优质产品证书。

1987 年

人参再造丸荣获原国家医药管理局优质产品奖。

1988 年

消炎解毒丸获国家质量银奖。国家级抗衰老保健新药"健延龄"胶囊(与中国国际信托投资公司合作开发)荣获国家体委运动营养银奖、全国首届中成药健康杯银奖、全国旅游商品金奖。

1989 年

雷允上制药厂被评为江苏省先进企业。六神丸获国家质量金奖。

1990 年

雷允上制药厂被评为国家二级企业,主要生产 12 个剂型共 94 个品种的中成药产品。

1991 年

六神丸荣获传统药长城国际金奖。大活络丹荣获江苏省优质产品证书。治疗心脏病的"灵宝护心丹"荣获江苏省新产品金牛奖。儿科药"羚珠散"荣获全国儿童用品金鹿奖、江苏省新产品金牛奖。

1995 年

雷允上荣获"中华老字号"企业称号,由国务院内贸部公布。

1996 年

雷允上六神丸被列为国家中药一级保护品种。

1997 年

中国远大集团公司与苏州医药集团有限公司共同出资,组建雷允上

(苏州)药业有限责任公司。

2003 年

年底,被列入国家"双高一优项目"的雷允上新厂建成投产。

2004 年

雷允上新厂通过原国家食品药品监督管理局GMP认证。

2008 年

6月,雷允上六神丸制作技艺(中医传统制剂方法)入选"国家级非物质文化遗产"名录。名录由中华人民共和国国务院公布,文化部颁发荣誉证书。

年底,由中国远大集团、苏州创元集团和雷允上药业有限公司三方签订协议,启动雷允上的上市工作。

2009 年

4月,文化部公布第三批国家级非物质文化遗产项目代表性传承人名录。李英杰入选"雷允上六神丸制作技艺(中医传统制剂方法)"代表性传承人。

2010 年

中国邮政集团公司发行特种邮票《中医药堂》,全套四枚,雷允上药堂跻身其间。

雷允上药业公司荣获"中华老字号企业"称号。称号由中华人民共和国商务部授予。

2012 年

雷允上荣获"中国驰名商标"称号。荣誉证书由国家工商行政管理总局颁发。

2013 年

6月,雷允上膏方制作技艺(传统中医膏方制作技艺)入选"苏州市非物质文化遗产"名录。名录由苏州市人民政府公布,苏州市文化广电新闻出版局颁发荣誉证书。

8月,苏州雷允上国药连锁总店被评为"2013年中国药品零售企业竞争力百强企业"。

9月,常熟市雷允上"抗肿瘤新药天佛参口服液应用及产业化"项目成功入选2013年国家火炬计划项目名录。名录由科技部火炬高技术产业开发中心公布。

11月8日,雷允上在苏州古胥门开设吴门国医药馆,重现中医坐堂。

2014年

1月,苏州市经济和信息化委员会公布,雷允上荣获2013年度"苏州十大自主品牌"称号。

6月,雷允上膏方制作技艺(传统中医膏方制作技艺)代表性传承人金竹良入选第四批苏州市非物质文化遗产项目代表性传承人名录。名录由苏州市文化广电新闻出版局公布。天佛参口服液列入"江苏省名牌产品"名录。名录由江苏省名牌战略推进委员会公布。

10月,常熟市雷允上"抗肿瘤新药天佛参口服液应用及产业化"项目成功入选2014年国家火炬计划项目。

2015年

雷允上膏方制作技艺(传统中医膏方制作技艺)入选"江苏省非物质文化遗产"名录。

雷允上药业有限公司入选首批"江苏老字号"企业名录。

10月,经中华老字号协会专家评审委员会审核,雷允上药业有限公司获评"中华老字号传承创新先进单位"。

12月12日,吴门医派高峰论坛暨雷允上首届中医药文化节在苏州太湖国际会议中心举行。雷允上铜像在开幕式上揭幕,雷氏后人历史资料捐赠活动同时举行。

附录二 苏州雷允上国药连锁总店有限公司门店一览表

单 位	地 址
沐泰山	苏州市阊胥路 801 号
王鸿翥	苏州市观前街 64 号
沧 浪	苏州市十梓街东小桥下塘 7 号 2 幢底楼
诵芬堂	苏州市西中市 134 号
童葆春	苏州市道前街 138 号
天益生	苏州市凤凰街 7 号
同益生	苏州市葑门路 17 号
留 园	苏州高新区新浒商业城 1 幢 110 室（新浒花园三区 158 生活广场内）
娄 门	苏州市娄门路 318—2 号
松 陵	吴江市松陵镇油车西路 63、65 号
斜 塘	苏州工业园区联丰商业广场 2 幢 1 层 2170 室
阳 山	苏州高新区浒关分区阳山花苑农贸市场
胜 浦	苏州工业园区胜浦镇中胜路 1 号东景公寓 9 幢 106 室
吴江雷允上	吴江市盛泽镇舜新南路 120 号
保 康	苏州市彩香新村 2 区 13 号
潘资一	苏州市临顿路 266—267 号
南 门	苏州市人民路 155 号
灵芝堂	苏州市盘门路 175 号
三 元	苏州市三元二村兴元楼一楼东
新 区	苏州高新区淮海路 5 号楼 B 座
相 城	苏州市相城区元和镇齐陆路 74 号
东 亭	苏州市吴中区东山镇莫厘路 51 号

续表

单 位	地 址
浦 庄	苏州市吴中区临湖镇南街69号
馨 泰	苏州高新区馨泰花苑商业1号房1区105室
良利堂	苏州市施相公弄24—36号
宁远堂	苏州市桐泾北路来客茂时尚生活中心一层103号
新 风	苏州市景德路344号
昆 山	昆山玉山镇白马泾路46号欧尚大型商业中心内二层E102、E103号
大利堂	苏州市人民路618-2号
华 联	苏州市吴中区越溪溪翔路南42号
枫 桥	苏州高新区何山路129号
贵 都	苏州工业园区中新路8号贵都大厦2层C7—8号
渡 村	苏州市吴中区渡村镇腾飞路8号
西 山	苏州市吴中区金庭镇东河新区金庭路87号
横 塘	苏州高新区横塘镇金屋路100-1号
甪 直	苏州市吴中区甪直镇晓南路196号108室
吴 中	苏州吴中经济开发区枫津南路22号
汇 翠	平江新城汇翠商业街33幢106—107号
东 桥	苏州市相城区黄埭镇长康路1—8号
长 桥	苏州市吴中区长桥街道南库路116号大宁超市1楼CQ34、36号
南 环	苏州市南环大街149号
蠡 口	苏州市相城区漕湖产业园黄畦路西侧漕湖集贸中心南自东向西第二套门面房
木 渎	苏州市吴中区金山路777号(红枫广场好又多超市内)
世 贸	太湖西路1188号1幢159—160室
东 渚	苏州高新区东渚镇龙康路8号2幢109室
镇 湖	苏州高新区镇湖街道东城路18号
通 安	苏州市高新区东唐路18号荣华花苑8/115
草药部	苏州市城北西路1988号2幢110—111号
虎 丘	苏州市友新路亿像城6幢107—108室
光 福	苏州市吴中区光福镇福坤路5号6幢188室(嘉福广场什物谷超市门口一层)

注:表中信息统计时间为2015年6月。

主要参考资料

[1] 陶叟翁.药业巨擘雷允上[M]//孙中浩.苏州老字号.苏州：古吴轩出版社,2006.

[2] 陶诒武.苏州雷氏名族[M]//张学群等.苏州名门望族.扬州：广陵书社,2006.

[3] 华润龄.吴门医派[M].苏州：苏州大学出版社,2004.

[4] 陈晖.苏州市志[M].南京：江苏人民出版社,1995.

[5] 苏州市平江区地方志编纂委员会.平江区志[M].上海：上海社会科学院出版社,2006.

[6]《沧浪区志》编纂委员会.沧浪区志[M].上海：上海社会科学院出版社,2006.

[7] 金阊区编委会.金阊区志[M].南京：东南大学出版社,2005.

后　记

　　一个偶然的机遇,使我和"雷允上"药铺结下不解之缘。

　　有一天,热心的前辈阿坤(查坤林)先生打来电话告诉我:苏州市工商档案管理中心正在出版一套"苏州民族工商业百年名企系列丛书"。他作为推荐人,把我列入特约撰稿人。对此,我在受宠若惊之余,又有一些担心。因为,写一个企业而单独成书,并且由一个作者单独撰稿,难度是相当大的。主要的问题是:这套丛书不是罗列企业发展史的"志书",而必须采取写实散文的笔法,在缺乏资料的情况下,在忠于事实的基础上,挖掘文化底蕴,以丰富多彩的情节,写出知者不多的、生动形象的"企业故事"。这对于我来说,无疑是一个快乐的挑战。经过反复考虑,我选择"雷允上"作为写作对象。这家创建于清代雍正十二年(1734年)的药铺,由小到大,由店变厂,由单独厂家到药业集团公司,至今已有近三百年的辉煌历史。

　　接手后我才发现:当初的担心并非多余。当时我手中拥有的素材,远远不够成书的需要。于是,走出封闭的书房,迈开双腿四处奔波。去档案馆和工商档案管理中心,寻觅尘封的资料。去雷允上药业公司和下属单位,联系有关负责人,走访相关当事人,大大丰富了自己的写作素材。随着素材的不断充实和完善,原来设计的写作大纲也一再更改和扩容。六易提纲,每一次都有脱胎换骨的感觉。最终,形成现在的"章回体"格局。

　　在此,我要衷心感谢不少大力支持和帮助过我的人。除了阿坤外,还有以下多人:苏州市档案局副局长、苏州市工商档案管理中心主任卜鉴民,自始至终为我写作提供各种方便。苏州市工商档案管理中心的陈鑫、杨韫、栾清照和王颖华,帮助我对书稿进行了一次次修改、梳理,同时还为本书拍摄了大部分照片。苏州市档案局副局长沈慧瑛,为我提供有关资料,并且安排专人为我提供查阅服务。雷允上药业公司品牌部的工作人员,在百忙中多次拨冗,为我联系有关人员,并提供了不少宝贵的第一手资料。雷允上国药连锁总店的吴颖,热心地为我采访传承人牵线搭桥。李英杰和金竹良两位非物质文化传承人,也为我提供了宝贵的资料。没有他们的支持和帮助,本书将逊色不少。

  由于时间仓促,加上本人的水平有限,书中疏漏之处恐怕难免。在此,还望方家不吝指正。

何大明

2018 年 6 月于隐桐斋